学校课程发展丛书
丛书主编 李正 杨四耕

体艺
学科课程群

孙 鹏 主编

华东师范大学出版社
·上海·

图书在版编目(CIP)数据

体艺学科课程群/孙鹏主编.—上海:华东师范大学出版社,2019

(学校课程发展丛书)
ISBN 978-7-5675-9594-1

Ⅰ.①体… Ⅱ.①孙… Ⅲ.①体育课-课程建设-教学研究-中小学②艺术-课程建设-教学研究-中小学 Ⅳ.①G633.963.2②G633.950.2

中国版本图书馆CIP数据核字(2019)第197083号

学校课程发展丛书

体艺学科课程群

丛书主编　李　正　杨四耕
主　　编　孙　鹏
策划编辑　刘　佳
审读编辑　林青荻
责任校对　马　珺
装帧设计　卢晓红

出版发行　华东师范大学出版社
社　　址　上海市中山北路3663号　邮编200062
网　　址　www.ecnupress.com.cn
电　　话　021-60821666　行政传真021-62572105
客服电话　021-62865537　门市(邮购)电话021-62869887
地　　址　上海市中山北路3663号华东师范大学校内先锋路口
网　　店　http://hdsdcbs.tmall.com

印刷者　常熟高专印刷有限公司
开　　本　787×1092　16开
印　　张　11
字　　数　158千字
版　　次　2019年10月第1版
印　　次　2022年7月第3次
书　　号　ISBN 978-7-5675-9594-1
定　　价　34.00元

出版人　王　焰

(如发现本版图书有印订质量问题,请寄回本社客服中心调换或电话021-62865537联系)

丛书编委会

主编
李　正　杨四耕

成员
李　正　杨四耕　田彩霞　王德峰
高德圆　胡培林　李荣成　曹鹏举
段立群　张燕丽　孙　鹏　张元双

本书编委会

主 编
孙 鹏

副主编
李文宝 赵毅妹 暴 煜

编 委
毛艳红 齐静静 路 鹏 时继锋 郭岩岩 王慧颖
赵 星 杨其格 孙 鹏 李文宝 赵毅妹 暴 煜

丛书总序

课程改变，学校改变

学校课程变革有三种形态：一是1.0，这种形态的课程变革，以课程门类的增减为标志，学校会开发一门一门的校本课程，并不断增减；二是2.0，这种形态的课程变革，学校会围绕某一特定的办学特色或项目特色，开发相应的特色课程群；三是3.0，此种形态的课程变革，学校课程发展以多维联动、有逻辑的课程体系为标志，这是文化创生形态的课程变革。

学校如何迈进3.0课程变革？我们在郑州市金水区中小学与幼儿园进行了多维度的探索与实践，得出了一些规律，有了一些感悟和体会。

1. 家底清晰化：很多时候起点决定了终点

发展是既定基础上的再提升，学校课程深度变革必须清晰"家底"。根据各种不同的办学基础给学校课程发展准确定位，是迈向3.0的学校课程变革所面临的首要任务。我们运用SWOT（强项、弱项、机遇、危机）分析，对学校的地理环境、在地文化、政策环境、课程现状、行政领导、学生需求、教师现状等因素分别进行SWOT分析，把握学校课程发展的优势与问题所在。同时，我们注重课程发展思路的研究，把破解影响当前学校课程发展的热点、难点问题，特别是制约课程发展的重大问题，贯穿于调研过程的始终，以增强课程发展情境研究的宏观性、针对性和实践性，以准确合理的目标体系引导学校课程变革，切实做到清晰把握学校课程发展的"起点"。须知，很多时候起点决定了终点。

2. 愿景具象化：让课程哲学映照鲜活的实践

课程愿景是学校课程使命的具象，是与学校教育价值观联系的、可以调动师生情感的图景。如果说，目标提供过程的满足，那么愿景则提供事业的动力。推进学校课程深度变革,我们需要明确学校的课程愿景,并将课程愿景具象化。学校可以用具象化的方式想象课程、观察课程、思考课程、分析课程、建构课程。当我们在与师生沟通的时候,要善于用具象化的愿景去说明学校课程究竟是为什么、是什么以及怎么做。我的体会是:"课程即品茶,需哲思;课程即吟诗,需想象;课程即力行,需实践。"人们总是会被伟大的愿景所感动。校长要善于把抽象的东西表现得具体些,把看不见的、不容易理解的东西变得看得见、容易理解,让学校课程理念带着一股清香,透着一种诗意,变成激发师生的动力和情愫。推进学校课程变革,您所要做的便是找到大家信奉的课程哲学,并用课程哲学映照课程变革实践。

3. 结构图谱化:改变课程的碎片化格局

如果把课程视为书本,孩子们可能会成为书呆子;如果把课程视为整个世界,孩子们可能会拥有驾驭世界的力量。为此,每一所学校都应致力建构丰富的"课程图谱"。按照一定的逻辑,理顺学校课程纵向与横向关系是学校课程变革需要审慎思考的问题。在横向上,如何将学校课程按照一定的标准进行合理地分类;在纵向上,如何将学校课程按照年级分为不同层级,努力形成一个适应不同年龄阶段的孩子的课程阶梯。具体地说,在横向上,重构学校课程分类,让孩子们分门别类地学习把握完整的世界之格局;在纵向上,强调按先后顺序,由简至繁,从已知到未知,从具体到抽象,保持学校课程的整体连贯。这样,我们就可以形成天然的、严密的学校课程"肌理",让课程有逻辑地、立体地"落地",这样有利于克服课程碎片化、大杂烩问题。

4. 类群聚焦化:聚焦核心素养建构课程群

类群聚焦化,也就是围绕核心素养建构课程群。什么是课程群?课程群是以特定的素养结构为目标,由若干门性质相关或相近的单门课程组成的一个结构合理、层次清晰、彼此连接、相互配合、深度呼应的连环式课程集群。课程群是一种思维,是一种工具,是一种面向碎片化课程的思维方法和操作工具。随着核心素养的倡导,课程改革越来越要求考虑学生素养发展的完整性,课程群构建已成为中小学深化课程改革、优化课程设计的一条有效途径。中小学构建课程群需要关注四点。首先,聚焦目标。聚焦核心素养,聚焦育人目标,聚焦课程目标,是课程群建设的首要原则。课程群建设必须密切关注学生的核心素养,优先发展对某项目标具有关键的支持作用的课程。其次,建构链条。也就是确定课程群内各门课程的相关性,课程之间纵向衔接与横向联系,以及自成体系。再次,组合搭配。课程群是具有关联关系的课程之组合与搭配。在涉及课程序列的安排上,关键是要找到"课程时序"上的衔接点,即根据学时的配比度与开课时序,各门课程在整体中的位置、地位和作用,从系统的观点出发来安排课程。通过标明课程之间的内在关系、课程开设的先后顺序、课程时量等逻辑关系来描述课程之间的内在关系,经过这样的组合搭配,有助于揭示课程之间的重复、脱节、断线和时序安排上的不合理现象。最后,整合优化。课程群是一个基于特定目标而组织化了的课程系统,仅仅把几门有逻辑联系的课程召集一处,只是一个"课程集合"。只有课程间完成了相关整合,成为一个体系,实现课程功能的优化,才能称之为"课程群"。因此,课程群建设应将重心放在相关课程之间内容的整合以及功能的优化上。

5. 内容整合化:还原完整世界的真实面貌

课程是浓缩的世界图景。3.0的课程是富有统整感的课程,是多维连结与互动的课程。不论是学科课程的特色化拓展,还是主题课程的多学科聚焦,都应尽可能回到完整的世界图景上来,努力将关联性与整合性演绎得淋漓尽致,让孩子们领略"世界图景"的完整结构。一般地说,课程整合有两种常见方式:一是射线式整合,即以学科知识为圆点,根据知识的内在逻辑联系而进行多维拓展与延伸;二是聚焦式整合,即以特定资源为主题,多学科、多活动聚焦,以加强孩子们与社会生活的多学科关联与整合。从表现形式来看,既有学科内统整,又有学科间统整;既有跨学科统整,又有学科与活动统整,以及校内与校外统整等。

6. 操作手册化:让课程变革变得易于操作

学校课程变革应是多维主体参与的变革。如何让师生参与、家长参与,是需要一套可以清晰告知如何操作的课程资料来指导的。我们倡导的学校课程指南就是学校课程手册化的一种做法。一所学校的课程指南包含如下内容:学校简要介绍、学校课程理念、学校课程目标、学校课程图谱、学校课程项目(将每一门课程的纲要精炼地呈现出来)。

7. 实施立体化:整个世界都是教室

英国课程学者斯基尔贝克说:"设计课程的最佳场所在学生和教师相处的地方。"的确,我们让孩子们采用多样的、活跃的学习方式,如行走学习、指尖学习、群聊学习、圆桌学习、众筹学习、搜索学习、聚焦学习、触点学习、实作学习、仪式学习……但凡孩子们在生活世界里精彩纷呈、活跃异常的"做事"方式,都是课程实施与学习的可能方式。须知,课程实施不仅仅是那些概念化了的"自主、合作、探究"。杜威说:"一切学习来自经验。"实践、沉浸、对话、互动、参与、体验是课程最活跃、最富灵性的形式,也是课程实施的最重要方法。重视孩子们直接经验的获得,让孩子们亲近自然,走进社会,通过一系列的实践活动,扩充和丰富孩子们的经验和见识,是3.0课程的重要表征。

8. 经验模型化:有逻辑地推进学校课程变革

一所优质学校应该有自己的课程模式,应该建构基于特定课程哲学而组织化了的课程系统,将各课程有机地结合成一个联系紧密的、有逻辑的育人图景。学校课程哲学、课程结构、课程功能、课程实施及课程管理与评价是课程模式不可或缺的构成要素。其中,学校课程哲学是课程模式的灵魂,课程功能和课程结构框架是课程模式的主体内容,课程实施是课程模式的必要落实,课程管理与评价是课程模式的基本保障。建构学校独特的课程模式,是由学校内涵提升与特色发展的要求所决定的。学校课程变革要运用系统思维把自己的经验模型化,形成自己独特的课程模式。一所学校构建了自己的课程模式,并有逻辑地推进课程变革,学校课程发展就会出现不一样的格局,学校发展就会呈现不一样的态势。在郑州金水,我们看到的结果是:课程改变,学校改变;课程灿烂,学校灿烂!

学校课程发展丛书是郑州市金水区教育体育局和郑州未来教育研究院以及全国品质课程联盟团队通力合作的成果,是"品质课程"区域探索与实践的又一个成功例证。

祝愿金水教育的明天更灿烂!

杨四耕

2019 年 7 月 5 日于上海市教育科学研究院

目 录

前言 / 1

第一章 生命蓬勃：展现生长的精彩 / 1

蓬勃生长是教育最美的样态。用生命影响生命，让每一个生命都含着微笑蓬勃生长。遵循生命成长的规律，注重生命成长中营养的给予，用爱和耐心浸润生命的点滴，用阳光和雨露浇筑成长的基石。遵循儿童个体发展的规律，尊重儿童生命成长的轨迹，在其生长的关键期注入所需的必备品格和关键能力，展现其生命成长的精彩。

学科课程哲学　直抵生命成长的深处　/ 2
学科课程目标　精准定位成长的自信　/ 4
学科课程框架　绘制健美成长的蓝图　/ 8
学科课程实施　诠释阳光成长的活性　/ 11

第二章 成长萌动：追寻梦想的力量 / 21

每个儿童都应该有一个美好的人生开端；每个儿童都应该接受良好的基础教育；每个儿童都应有机会充分发掘自身潜能。拥有健康身心、成就健康梦想是所有人的愿景。让儿童在成长萌动中感受自己身体的力量,并在不断的运动中显现这种力量;让儿童在动感健康的活动中快乐成长,强健其体魄,发展其智力,坚定其志向,提升其素养,促进其身心和谐发展。

领域课程哲学　梦想的力量与阳光　/ 22
领域课程目标　健体慧智,涵养明志　/ 24
领域课程框架　构建欢动健康梦　/ 26
领域课程实施　动感活动成就小健将　/ 35

第三章　生命愉悦：品味跃动的童年　/ 47

生命最初的自然奔放的样态,便是体育最美的姿态。建构起立体的、广阔的课程,让生命在这自由空间里尽情释放,让生命品味力量与精神的愉悦,让生命保持最有活力的姿态。要珍惜生命本能的跃动,遵循儿童"爱玩"的天性,有多少种玩耍的方式,就有多少种体育学习的方式,让兴趣引领儿童体悟身体之美,磨炼坚韧意志,绽放生命精彩。

学科课程哲学　让儿童玩转精彩童年　/ 48
学科课程目标　FUN 出健康快乐的生命活力　/ 50
学科课程框架　描绘体育课程的灵动图景　/ 53
学科课程实施　让体育学习好玩起来　/ 59

第四章　生命滋养：浸染体育的乐趣　/ 67

给儿童生命最好的滋养,就是确认他的成长感受。乐趣是儿童生命力得到滋养的沃土,构筑和健全儿童的学习兴趣至关重要。构建儿童喜欢的课程,引导儿童积极探究各项活动,以有乐趣的、贴近儿童生活的课程为载体,以注重培养儿童良好的习惯为导向,促进儿童健康快乐地成长,让儿童享受体育带来的乐趣。

学科课程哲学　让每个孩子享受体育的乐趣　/ 68
学科课程目标　乐参与,乐锻炼,享受健康　/ 70
学科课程框架　"四乐"架构乐享课程体系　/ 72
学科课程实施　乐享运动共享健康快乐人生　/ 75

第五章　生命锻造:经历运动的锤炼　/ 85

善于根据情况变化创造性地进行教育的才能,是构成教育艺术的主要因素。健康开拓生活,生命锻造未来。明知会有苦痛,却依然咬牙坚持着去历练;明知成长的道路铺满荆棘,却依然勇往直前去面对。生命中的每一次历练,都会收获一份成长经验,最终让身心在历练中得到飞跃。

学科课程哲学　让儿童在快乐中健康成长　/ 86
学科课程目标　让每位学生得到适切的发展　/ 88
学科课程框架　缤纷课程编织美好童年　/ 91
学科课程实施　多元舞台共塑灵动少年　/ 94

第六章　生命绚烂:绽放多彩的旅程　/ 103

童年,是多彩的画卷,是无限的可能,是一段美好的生命历程。教育,是与美相遇的过程,将美的教育融入系统的课程中去,给孩子一场陪伴,圆孩子一个梦想。以认知为主、技法为辅,采用好玩又有效的方式,让孩子在课程中艺于启智、技以成能、情动至善、思得灵动,为孩子们的童年增趣添彩。

学科课程哲学　让每个生命成就更美的自己　/ 104
学科课程目标　审视艺术的真善美　/ 107
学科课程框架　参与时代精神的创造　/ 109
学科课程实施　多维展现创意成果　/ 112

第七章　生命梦幻:融入艺术的生活　/ 119

生命,是一颗神奇的种子,蕴藏着不为人知的力量;成长,是一段梦幻的旅程,充满着无限生长的希望;课程,是一条精彩的跑道,连接着五彩斑斓的世界。在生活中,让童年与艺术完美相遇,让儿童与绘画相互表达。在课程中,让儿童把艺术融入思维与生活,用艺术的眼光发现多彩的世界,用创意的思维表达真实的情感,用绘画的手法表现美好的生活。

学科课程哲学　唤醒艺术成长的潜能　/ 120
学科课程目标　健全人格,完美人性　/ 122
学科课程框架　绘制艺术创想的蓝图　/ 127
学科课程实施　编织艺术人生的跑道　/ 130

第八章　生命荣耀:点燃未来的梦想　/ 137

艺术点亮人生,梦想成就未来。艺术的浸润,唤醒生命无限的可能;艺术的熏陶,诠释生命无限的美好。契诃夫说:"艺术给我们插上翅膀,把我们带到很远很远的地方。"每个儿童都有一个梦想:小画家的梦想、小舞蹈家的梦想、小雕塑家的梦想……一个个幼小的苗儿,孕育着生命成长的神奇,包裹着梦想的力量。在儿童心灵深处播撒美的种子,用艺术的养分滋养美的生长,搭建小小的舞台让美走得更远,长得更赞,融入生命的深邃,点燃未来的梦想。

领域课程哲学　孕育多彩明星梦　/ 138
领域课程目标　喜美知美,抒美创美　/ 140
领域课程框架　架构多彩艺术梦想　/ 142
领域课程实施　点燃艺术的梦想　/ 146

后记　/ 155

前言

一个时代的教育所成就的高度,并不由鲜花和掌声来定义,而是由这个时代所实现的人的发展高度来定义。

今天,我们对于人的发展,以及促进这种发展的教育规律,有了更深刻的认识和更深入的探索。从教育理念的角度来看,普遍化、统一化的知识与技能的教育,必然逐步走向实现人的发展潜力与创造自由的个性化教育;从学科课程的角度来看,对传统课程结构局限的突破,必然依靠走向新的课程内部关系的课程群建构来实现。课程群是一种思维,是一种工具,是一种面向碎片化课程的思维方法和操作工具。课程群建构是中小学深化课程改革、优化课程设计的一条有效途径。

进入21世纪以来,金水区体育与艺术教育步履坚实,成就斐然,中小学和幼儿园体育与艺术学科成果丰硕:金水区先后荣获了"全国阳光体育先进区""全国啦啦操示范区"等称号,并入选首批"全国青少年校园足球试点区";区教体局荣获了"全国群众体育先进单位""全国学校艺术教育先进单位"等多项国家级荣誉称号;体育、艺术学科获得国家级优质课奖项36节,省、市级优质课奖项86节。为进一步落实好立德树人根本任务,深化课程改革,努力建构优质课程体系,2017年以来,金水区基础教育体育与艺术课程在课程群建设中进行了新的有益的探索。

这些探索,既从理念的高度观照体育与艺术课程共同的育人价值,即人的自我实现,也从框架的角度,在已有学科课程的基础之上,打破了同一学科下不同课程之间的壁垒,实现课程结构和功能的优化;同时,在具体实施上,采用具有较强逻辑关联性的课程分类和组合方法,以满足学生的学习需求为出发点,以实现学校的办学理念为着力点,关注生命成长历程,构建学校品质课程,实现学校育人理想。

体育奠基生命成长。"体育一道,配德育与智育,而德智皆寄于体,无体是无德智也。"随着国家的政治经济发展,随着整个教育的发展,体育对生命成长的奠基作用日益彰显,体育课程的建设促进了人们对其课程目的和目标的深入思考,强化了人们对生命个体成长的关注，凸显了体育对生命成长的基石作用。体育课程是学生终身体育的基础，运动兴趣和习惯是促进学生自主运动和终身锻炼的前提。学生对体育课程的学习在于掌握体育与健康的基础知识、技能与方法，增强体能，发展实践能力和创新能力，养成体育锻炼的习惯，形成健康的生活方式和积极进取、乐观开朗的人生态度，为人生奠定坚实的基础。

体育助力生命成长。体育是面对生命、提升生命质量的事业，使生命焕发生机、茁壮成长是现代学校体育课程对每个生命成长必须承担的责任。有意识、有计划的课程群建构要保持课程与学生的生活世界的联系，使课程充满生机与活力。生命的茁壮成长是教育之本，是教育的内核，是教育安身立命的依据。以生命为本、直面人的生命、关怀人的生命，是体育课程建设的根本，学生在儿童阶段掌握一至两项体育技能将促进其生命的茁壮生长。

体育绽放生命精彩。童年，是多彩的画卷，是无限的可能，是一段美好的生命历程。教育，是与美相遇的过程，将对生命的教育融入系统的课程中去，能够给儿童一场陪伴，圆儿童一个多彩梦想。体育是生命这幅美丽风景画的线条，建构起立体的、广阔的课程，让生命在这自由空间里尽情释放，让生命品味力量与精神的愉悦，让生命保持最有力的姿态。珍惜生命本能的跃动，遵循儿童成长的规律，让兴趣引领儿童体悟身体之美，磨炼坚韧意志，绽放生命精彩。

艺术升华生命光芒。美是人类永恒不变的追求，美是人类探寻自我的火光。当艺术与美于人的生命之中相遇，生命便成为一个向四面八方散射光芒的球体，丰富多样却又和谐统一。构建美术学科课程群，使美术课程目标得以伸展，学生在丰富的课程内容中得以开阔眼界，培养美术兴趣，在生动、贴近生活的创造中陶冶性情，学习并掌握所需的美术技能，从而使课程成为一条连接着五彩斑斓的世界的精彩跑道。在学生的生活中，让童年与艺术完美相遇，让生命的成长在艺术中得到升华。

与传统的文化课程相比，体育与艺术课程在育人过程中的个性化程度更高，对课程群建设的要求更高。本书中我们能看到金水基础教育体育、艺术课程群的探索，充分体现了金水基础教育学科课程群探索中学科课程观念的深度变革、学科课程框架的个性发展和学科课程逻辑的科学性。这些成果，也充分展现了金水基础教育在体育和艺术课程群建设领域的独特风景。

第一章

生命蓬勃：展现生长的精彩

蓬勃生长是教育最美的样态。用生命影响生命，让每一个生命都含着微笑蓬勃生长。遵循生命成长的规律，注重生命成长中营养的给予，用爱和耐心浸润生命的点滴，用阳光和雨露浇筑成长的基石。遵循儿童个体发展的规律，尊重儿童生命成长的轨迹，在其生长的关键期注入所需的必备品格和关键能力，展现其生命成长的精彩。

郑州市金水区优胜路小学是国家级体育传统项目学校。体育教研组现有教师13人,均毕业于高等体育院校,是一支富有活力、积极进取、勇挑重担、蓬勃向上的优秀教师队伍。其中,田径专业3人,篮球专业3人,啦啦操专业2人,乒乓球专业2人,毽球、排球、游泳专业各1人。丰富的教师资源,为我校体育课程群建设提供了强有力的保障。体育教师积极参加各类教学研究活动,在教学实践中关注学情发展,注重学生的个性发展,全面促进学生自主学习力的提升,助力学生健康成长。学校体育教学和社团训练多年来在全国、省、市、区各级竞赛中成绩斐然,硕果累累。良好的育人环境和人力基础为构建阳光健康、充满活力的体育课程群打下了坚实的基础。

学科课程哲学　直抵生命成长的深处

学科课程哲学引领着学科发展方向。学校基于《义务教育体育与健康课程标准(2011年版)》,深入挖掘、领悟体育与健康学科性质,并基于学校体育学科实际,确立体育学科课程哲学,即"直抵生命成长的深处"。学科课程哲学体现了对体育价值的认同。

一、学科性质观

体育与健康课程是学校课程的重要组成部分,"是以身体练习为主要手段,以学习体育与健康知识、技能和方法为主要内容,以增进学生健康,培养学生终身体育意识和能力为主要目标的课程"。[①]

基于学科性质,我们可以看出体育与健康课程的四大特性:基础性、实践性、健身性和综合性。学校体育团队认为,课程强调了培养学生掌握必要的体育与健康知识、技能和方法,养成体育锻炼的习惯和健康的生活习惯;在实践过程中,需要通过适宜负荷的身体练习,使学生提高体能和运动技能水平。同时,课程强调充分发挥体育的育人功能,以体育与健康学习为主,渗透德育教育,融合部分健康行为与生活方式、生长

---

① 中华人民共和国教育部.义务教育体育与健康课程标准(2011年版)[S].北京:北京师范大学出版社,2012:2.

发育与青春期保健、心理健康与社会适应、安全应急与避险、疾病预防等方面的知识与技能,整合并体现课程目标、课程内容、过程与方法等多种价值。

二、学科课程理念

雅斯贝尔斯说:"教育本质是一棵树摇动另一棵树,一朵云推动另一朵云,一个灵魂唤醒另一个灵魂。"教育的本质不是灌输,教育的目的是将学生唤醒,而兴趣是最好的老师。每个孩子都有丰富的心灵与巨大的潜能,让孩子们的身心和谐共同发展是我们追求的目标。

因此,课程坚持"健康第一"的理念,教师在课程中激发学生的运动兴趣,培养其终身体育的意识,关注个体差异与不同需求,树立确保每位学生受益的思想观念。教师需要更新原有的学科价值观,充实学科理念,关注体育素养培育,以顺应时代的发展,更好地完成体育与健康课程的使命。

结合"体育素养"这一概念,我们认为体育课程的核心价值是"健康体质,健全人格",因此我们以"直抵生命成长的深处"为课程开发的哲学依据,倾力打造我校"活力体育"特色课程群,以促进学生身心健康发展,实现"优秀,在这里生长"。

"活力体育"是"多元"体育,是以丰富的内容、多样的方法来激发学生的运动兴趣、提升学生的体育品质与运动能力的课程。

"活力体育"是"实践"体育,是以身体练习为主要手段,以培养学生终身体育意识和能力为主要目标的课程。

"活力体育"是"健康"体育,是以增进学生的健康为目的,落实"运动能力、健康行为、体育品格"核心素养培育的课程。

"活力体育"是"生命"体育,生命在于运动,运动也是生命存在的基础,是生命发展的动力和源泉,活力即高质量生命的体现。

"活力体育"是"品格"体育,课程中行为习惯养成的教育,坚毅性格的培育,良好的人际交往的训练,团队合作能力的提升……无处不在对学生渗透着品格教育。

因此,我们将"活力体育"的理念确定为:让强健的身体与完善的人格同塑,展现生长的精彩。通过课程学习,学生经历走进体育、感知体育、体验运动、享受健康、形成大体育观的过程,培育健美活力,促进体育素养的发展和提升。

学科课程目标　精准定位成长的自信

《义务教育体育与健康课程标准(2011年版)》指出:"体育与健康课程对于实施素质教育,培养学生的爱国主义、集体主义精神,促进学生德、智、体、美全面发展具有重要的意义。通过课程的学习,学生将掌握体育与健康的基础知识、基本技能与方法,增强体能;学会学习和锻炼,发展体育与健康实践和创新能力;体验运动的乐趣和成功,养成体育锻炼的习惯;发展良好的心理品质、合作与交往能力;提高自觉维护健康的意识,基本形成健康的生活方式和积极进取、乐观开朗的人生态度。"[①]

一、学科课程总目标

依据课程标准规定的体育与健康课程目标,结合"运动能力、健康行为、体育品德"这三个学科核心概念,我校体育课程总目标将从"关键的运动能力、良好的健康行为、必备的体育品格"三个方面进行设置。

(一) 关键的运动能力

基于对学科课程标准和核心素养的理解,学校体育团队认为体育学科培养学生关键的运动能力就是发展学生的体能和技能。

体能是基础。体能主要包括速度素质、耐力素质、协调性素质、灵敏性素质、柔韧性素质等一些基本的身体素质。根据小学生的身体发育规律可知其各项体能素质的敏感期会有不同,因此,我校按照学段设置了三个体能素质水平段:水平一,发展一般体能素质和基础技能,如柔韧性、灵敏性素质和平衡能力;水平二,发展柔韧素质、灵敏素质,提升速度和力量;水平三,提高灵敏性、力量、速度和心肺耐力素质。

技能是核心。运动技能的发展是体育核心素养教育的主线。本课程注重各学段体育技能的学习,发展学生的关键运动能力,同时兼顾学生对多项运动技能的认知和掌握,鼓励学生参加多种形式的比赛,逐步增强学生的运动技能与安全意识。课程内容包含学习体育运动知识,掌握运动技能和方法,增强安全意识和防范能力。

---

① 中华人民共和国教育部. 义务教育体育与健康课程标准(2011年版)[S]. 北京:北京师范大学出版社,2012:6.

（二）良好的健康行为

"健康行为是增进身心健康和积极适应外部环境的综合表现,是改善健康状况并逐渐形成良好生活方式的关键。"[①]因此,本课程希望使学生通过课程学习,树立积极主动地参与校内、外体育锻炼的意识;掌握正确的锻炼方法,逐步形成良好的锻炼习惯;情绪稳定,包容豁达,乐观开朗,善于交往与合作,提高适应自然环境的能力;掌握健康技能,学会健康管理;关注健康,珍爱生命,热爱生活,养成良好的生活方式,改善身心健康状况,提高生活生存能力。

（三）必备的体育品格

体育品格是指在体育运动中应当遵循的行为规范及形成的价值追求和精神风貌,具备体育品格对维护社会规范、树立良好的社会风尚具有积极作用。本课程注重培养学生自尊自信、不怕困难、坦然面对挫折的品质,引导学生在体育运动中遵守规则,正确对待比赛结果;自觉配合,包容同伴的错误;积极进取,挑战自我,追求卓越;尊重他人,文明礼貌,有负责任的意识和行为。

二、学科课程年级目标

关键的运动能力、良好的健康行为和必备的体育品格这三个方面是互为基础、相互促进、相互补充的,在不同的情境中紧密联系,循序渐进,整体发挥作用。现遵循学生身心发展规律,以年级为单位设置课程目标,详见表1-1。

表1-1 金水区优胜路小学"活力体育"课程年级目标表

年级		课程目标
一年级	关键的运动能力	重点掌握体操中发展柔韧性素质和灵敏性素质的基本技能。掌握简单的队列队形知识。能用正确的方式走、跑,能进行一定的变形跑;能用单脚或双脚向前跳出一定的距离,并安全地落地。会用乒乓球进行与之特点一致的游戏活动。重点发展用简单的跳、投、抛、接、攀、爬、滚动等动作进行游戏的能力。
	良好的健康行为	积极参加体育锻炼,主动完成学习任务。在活动中尽力保持情绪稳定。能和同伴交流和交往,有共同解决问题的愿望。能主动按照游戏规则进行游戏。
	必备的体育品格	遵守游戏规则,自觉与同伴配合,包容同伴的错误。能接受失败的结果,能正确看待比赛结果,能克服困难完成学习任务,有积极进取的精神。

---

① 毕孝春.浅谈高中体育学科核心素养的培养路径[J].新教育时代电子杂志(学生版),2017,(39):157.

(续表)

年级		课程目标
二年级	关键的运动能力	能用正确的技术动作安全地进行各种方式的灵敏跑。能用正确的技术动作完成拍手操和模仿操。能用正确的技巧进行跪坐后躺下的柔韧练习。会用队列队形进行队伍活动。能用健球进行与之特点一致的练习活动。重点掌握运用投掷的基本手型和步法等因素进行单手正对小沙包掷准的练习。掌握正确的立定跳远的方法。能用合理的方法进行仰卧推起成桥的练习。
	良好的健康行为	积极参加体育锻炼,主动完成学习任务。在活动中尽力保持情绪稳定。能和同伴交流和交往,有共同解决问题的愿望。能主动按照游戏规则进行游戏。
	必备的体育品格	遵守游戏规则,自觉与同伴配合,包容同伴的错误。能接受失败的结果,能正确看待比赛结果,能克服困难完成学习任务,有积极进取的精神。
三年级	关键的运动能力	重点掌握在自然场地上进行50米快速奔跑的技能。能理解并运用规则组织小比赛。体验用简单的方法进行小篮球的原地运球。会用脚内侧踢足球,进行与足球特点一致的游戏活动。能用正确的技术动作完成啦啦操组合动作练习。能正确、安全地进行各种方式的跳跃练习。重点进行25米×2往返跑的练习。尝试在垫上展示跪跳起动作。掌握正确的小篮球的行进间运球技术动作。
	良好的健康行为	掌握科学的锻炼方法,知道如何进行健康锻炼。情绪稳定,包容豁达,善于合作。掌握健康技能,身心状况良好。能积极参与体育活动,开朗地进行学习。
	必备的体育品格	遵循规则,积极进取,勇于克服困难。尊重他人,在活动中有责任的意识。自尊自强,敢于挑战自我、展示自我。能胜任运动角色,对分配和自我选择的角色能接受并负责执行。
四年级	关键的运动能力	掌握正确的呼吸方法,并能在较长距离的有氧运动中运用。尝试进行侧手翻练习,体会正确的基本动作和方法。尝试用正确的部位踢走和停住小足球,并运用这些技术进行小足球游戏活动。重点掌握肩肘倒立技巧。会双手前掷实心球。体验篮球双手胸前投篮技术。用合理的跳绳的技术动作进行跳不同绳子的活动,能运用不同步伐花样跳小绳。
	良好的健康行为	掌握科学的锻炼方法,知道如何进行健康锻炼。情绪稳定,包容豁达,善于合作。掌握健康技能,身心状况良好。能积极参与体育活动,开朗地进行学习。
	必备的体育品格	遵循规则,积极进取,勇于克服困难。尊重他人,在活动中有责任的意识。自尊自强,敢于挑战自我、展示自我。能胜任运动角色,对分配和自我选择的角色能接受并负责执行。
五年级	关键的运动能力	用正确的动作方法进行长时间的有氧奔跑练习。在同伴的帮助下进行有人扶持的手倒立练习,体会正确的动作方法。通过各种跑、跳、投等动作锻炼身体素质。用软排尝试各种具有排球特性的游戏。掌握简单的篮球规则,利用已经掌握的技能进行小篮球比赛。掌握跨越式跳高的四个技术环节。初步掌握侧手翻的动作技巧,能在教师的保护帮助下完成动作。掌握篮球双手胸前投篮技术。掌握小足球的脚背正面踢球技术,能运用所学技术进行简单的比赛。
	良好的健康行为	积极参加锻炼,乐观开朗,愿意与他人合作、交往和分享自己的学习成果。能主动帮助他人,重视安全,珍爱生命。掌握科学锻炼的方法,知道为什么做准备活动和放松活动,并会实践操作。
	必备的体育品格	敢于挑战自己、战胜自己,愿意展示自我。能胜任运动角色,有负责任的态度和行为。能自觉遵守规则,尊重他人,建立公平竞争的意识。有克服困难的举动,有勇敢顽强的进取行为。

(续表)

年级		课程目标
六年级	关键的运动能力	能运用合理的技术和方法进行各种长距离的健身活动。尝试在跳箱上完成一套简单的组合动作。通过"课课练",锻炼体能,提高灵敏性、速度和力量等素质。掌握多种掷实心球的动作方法,能全身协调用力完成投掷动作。了解简单的软排规则,利用已经掌握的技能进行软排比赛。能够掌握篮球投篮及足球射门动作。通过"课课练"提高灵敏性、心肺耐力、速度和力量等素质。
	良好的健康行为	积极参加锻炼,乐观开朗,愿意与他人合作、交往和分享自己的学习成果。能主动帮助他人,重视安全,珍爱生命。掌握科学锻炼的方法,知道为什么做准备活动和放松活动,并会实践操作。
	必备的体育品格	敢于挑战自己、战胜自己,愿意展示自我。能胜任运动角色,有负责任的态度和行为,能自觉遵守规则,尊重他人,建立公平竞争的意识。有克服困难的举动,有勇敢顽强的进取行为。

学科课程框架　绘制健美成长的蓝图

聚焦"活力体育"的学科目标和学科素养,学校开发了丰富的拓展课程,与国家课程形成相互促进、相互影响的整体,从而使每位学生都能在体育学练中得到全面而个性的发展。

一、学科课程结构

依据体育与健康课程标准设置的四个方面的课程内容(运动参与、运动技能、身体健康、心理健康与社会适应)及具体要求,基于我校"活力体育"的学科理念及学科的课程目标体系,我们开发了"活力激趣、活力提能、活力育健、活力促乐"四大类课程,课程结构见图1-1。

图1-1　金水区优胜路小学"活力体育"课程群结构图

"活力激趣"类课程旨在激发学生的运动兴趣,激励学生运动。课程内容选择以趣味性、创意性为主,兼顾适度的健身性,学生通过课程的学习能感受多种体育活动和比赛的乐趣,能获得成功的体验,并能获得良好的积极性休息的效果。

"活力提能"类课程旨在让学生学习运动知识,学会学习和锻炼,掌握技能和方法,增强安全意识和防范能力。课程内容的选择兼顾基本身体活动、体操类运动和专项运动,这样能够发挥教师的专长,丰富课程内容,扩大学生的认知范围和选择空间。

"活力育健"类课程旨在让学生学习基本的保健知识和方法,塑造良好的身体形态,全面发展体能,提高灵敏性、力量、速度和心肺耐力等素质。课程内容的选择满足横向互补和纵向递进的需求,具有综合性的特点。

"活力促乐"类课程旨在培养学生坚强的意志品质,使其学会情绪调控,形成合作意识和能力,具有良好的体育道德。课程内容以团队性活动为主,形式多样,锻炼学生不同方面的能力。

需要说明的是,以上四类课程虽然是基于教材的四个方面开发的,但从体育的本质来分析,不同课程之间存在着实质的联系,所以这四类课程并不是相互独立的。

二、学科课程设置

我们遵循体育教育教学和学生成长规律,基于体育与健康教学的四个方面和学校体育学科课程实际,逐步完善"活力体育"课程设置,进一步满足学生个性化的学习需求,开发和培育学生的潜能与特长,使学生在活力学习中展现生命成长的精彩。"活力体育"课程设置见表1-2。

表1-2 金水区优胜路小学"活力体育"课程设置表

年级	学期	活力激趣	活力提能	活力育健	活力促乐
一年级	上期	快乐"∞" 独脚兽1 投石小车1	小兔乖乖 乒乓乓1	爱拉伸1 小憩的眼睛 自然快跑	宝贝站好1 瞎子走路
一年级	下期	四足动物 蜗牛走路	翻滚吧宝贝1 乒乓乓2	贪吃小蛇 跳舞的手指	宝贝站好2 三打白骨精
二年级	上期	赶猪 踩石过河 跳来跳去	炫动花球1 健步如飞 反转世界1	爱拉伸2 节奏节奏1	宝贝站好3 心心相印
二年级	下期	独脚兽2 旗语跑	炫动花球2 青蛙呱呱 投石小车2	爱拉伸3 节奏节奏2	宝贝站好4 猫捉老鼠

(续表)

年级	学期	活力激趣	活力提能	活力育健	活力促乐
三年级	上期	创意跳1 蛇战	翻滚吧宝贝2 "篮"精灵1 绿茵小将1	迎风奔跑1 小小马拉松	"毽"无虚发1 搜捕逃犯
三年级	下期	梯形折返 打靶归来	"掷"向高远1 龙跳虎卧1 "篮"精灵2 绿茵小将2	有来有往1 畅快呼吸	"毽"无虚发2 气象预报 拦截导弹
四年级	上期	创意跳2 手足情深	龙跳虎卧2 "篮"精灵3 绿茵小将3	穿越火线 合理饮食	舞动绳弦1 猴子捞月
四年级	下期	多彩跑 狼出没	"掷"向高远2 反转世界2 "篮"精灵4 绿茵小将4	跳跃极限 干净的眼睛	舞动绳弦2 钻圈圈
五年级	上期	创意跳3 开火车	反转世界3 "篮"精灵5 绿茵小将5	有来有往2 国之辉煌	齐心协力1 环形酷跑
五年级	下期	趣味保龄 踩尾巴	反转世界4 "篮"精灵6 绿茵小将6	跨越极限1 居安思危	齐心协力2 穿插追击 两人三足
六年级	上期	创意跳4 击木桩	龙跳虎卧3 "篮"精灵7 绿茵小将7	迎风奔跑2 跨越极限2	攻城1 龙的传人
六年级	下期	智过封锁线 多级跳	掷向高远3 龙跳虎卧4 "篮"精灵8 绿茵小将8	迎风奔跑3 跨越极限3	攻城2 围魏救赵

学科课程实施　诠释阳光成长的活性

本校"活力体育"特色课程以"活力"为统领,从创设"活力课堂"、推进"活力课间"、打造"活力社团"等方面进行实施,旨在通过课程学习,发展学生的基本运动能力和必备的运动技能,加深学生对更多项目的了解,拓展学生对发展体能和提高身体素质的知识储备,使学生掌握多种基本的练习方法,改善身体形态和身体姿势,促进体能发展,培养拼搏精神。通过"活力课间"确保学生每天锻炼一小时,既可强化学生的体育技能,也可作为其运动能力和水平展示的平台;"活力社团"更进一步满足学生个性化的学习需求,开发和培育学生的潜能与特长;课程结合"活力赛事""活力节日""活力行走"和"活力联动"等多途径实施,并以"学练赛"保障学习成效。

一、落实"活力课堂",聚焦核心素养

课堂是教育实施的最前线,课程是落实学科育人目标的重要载体,为了践行"让强健的身体与完善的人格同塑,展现成长的精彩"这一课程理念,我们着力打造多元、和谐、趣味、灵活的体育课堂。进行课程设置时,我们充分挖掘区域运动元素,结合学校实际,调整原来的体育与健康课程的内容比例,整合了课堂、大课间、社团活动等时间资源和其他人力、物力资源,设置了以深入学习项目为主的拓展课程、以体能乐练为抓手的特色课程等。

(一)"活力课堂"的内涵与操作

按照学校课堂教学的"三优标准",即"优备、优上、优评",引领教师"功在课前、活在课中、思在课后",要求学生"学在课堂、练在课间、用在生活"。学科责任领导从课程纲要、教学计划、活动设计的撰写到听课、参与教研等,对教师跟进指导,进行适度调控,确保教育教学质量稳步提升。

1. 贯彻学科理念

"活力课堂"应以让学生培养运动兴趣、养成锻炼习惯、掌握运动技能、增强个人体质为主线,体现课程的育人价值,即发展良好的心理品质,提高合作与交往的能力,提高自觉维护健康的意识,基本形成健康的生活方式和积极进取、乐观开朗的人生态度。

2. 优化课程设计

根据学生全面发展的需求确定课程目标体系和课程内容,根据学生的身心发展规律划分学习水平,根据可评价原则设置可操作和可观测的学习目标,根据课程学习目标和发展性要求建立多元的学习评价体系。

3. 丰富课程内容

课程内容是教育的载体,课程内容要满足学生多元发展需求的可能性。多元的课程内容能够满足学生的学习兴趣,充实学生的学习生活,丰富学生的学习体验,是"活力课堂"建设的基础。

4. 高品质的学科教学

规范的教学是保证学科质量的基础。教学方法的选择应促进学生全面发展,应针对不同水平的学生身心发育的特点,应创设民主、和谐的教学情境,应在技能教学的同时发展学生的体能,应重视学生之间的个体差异,因材施教。

5. 有意识地进行学科学习及学法的指导

将重点放在培养学生良好的学习习惯上,注重对学生进行学习方法、学习能力的指导和训练。注意教法和学法相结合,课内与课外相结合。

6. 高效的学科教研和学科团队建设

以主管领导为负责人,落实有效的学科教研,使教学资源有效整合,从而推进课程的有效实施。学科团队进行有效教研,有利于推动学校教学内容和方法的改进,有利于教学经验的交流,有利于增进学校各方面工作的协作,从而提高课堂品质。

(二)"活力课堂"的评价要求

我们对"活力课堂"的评价从目标、内容、方法三个方面进行。

第一,根据课程总目标,将学习目标具体化,紧扣课标和学段要求,体现教材特点,把握适宜的难度,提高可操作性;在多元化的基础上有所侧重,切合学情,简单、明了;将"三维目标"有机融合,使其具体、明确、可操作、可检测,直指核心素养。

第二,体现"目标引领内容",符合学生的身心发展,考虑学生的运动兴趣与需求,结合教学实际条件,不忘健康教育。

第三,在课堂教学中,教学方法的选择能促进学生的体育与健康的知识与技能、过程与方法、情感态度与价值观的整体发展;针对不同水平的学生身心发育的特点,遵循不同的教学规律与要求,进行教法与学法的创新;创设民主、和谐的体育与健康教学情境;有效运用自主学习、合作学习、探究学习与传授式教学等方法,引导学生在体育活动中,通过体验、思考、探索、交流等方式获得体育与健康的基础知识、基本技能和方法,培养应对问题、自我锻炼、交往合作等能力,开展富有个性的学习,不断丰富体育活动经验,学会体育学习和锻炼,加入"课课练"环节,在技能教学的同时,安排一定的时间来进行简便有效的练习,采用多种多样的方法来发展学生的体能;高度重视学生之间的个体差异,在体育与健康教学中做到差异教学、因材施教,特别要关注体育基础较差的学生,有针对性地采用相应的教学方法,提高他们的自尊和自信,促进每一位学生更好地发展。

二、推进"活力课间",助力健康成长

"活力课间"既是学生掌握、强化体育技能的主阵地,也是体育教学和课外体育活动开展情况的展示平台,更是学校课程设置的重要组成部分。

(一)"活力课间"的实施方案

依据本校"活力体育"课程群的建设方案,结合学校师资、学生、场地、传统特色等因素,我们将基础体能、技能项目和特色体能、技能项目相结合,把每天上午、下午两个大课间列入学校总课程表,科学设计大课间的内容,保障学生每天有一小时的校园体育活动时间,并相应地增加练习时间,促进学生有效掌握多项体育运动技能,形成终身体育健身的良好习惯。

(二)"活力课间"的评价要求

"活力课间"的实施注重过程、追求质量,我们从三个方面对其进行评价。

第一,确保运动量和运动强度。在"活力课间"的实施过程中进行脉搏抽测,要求学生的平均心率必须达到每分钟125—135次,练习强度指数达到1.5—1.7。

第二,注重运动技能和运动意识。"活力课间"的活动项目参考不同水平段的学生的情况和课堂教学内容进行设置,具有丰富性与适宜性等特点,既能保证运动量与强度,又能强化技能练习。"活力课间"的活动环节按照从导入热身到实践提高再到调节放松的科学顺序进行设置,符合人体运动的科学规律,让学生学会正确的锻炼方法。

第三,追求切实的运动效果。班级每周有以评价学生的技能掌握情况为主的"运动之星"互评。学校每周有课间班级评比,评比结果会在下一周的升国旗仪式上公示,

并依此发放流动红旗;每学期举办"活力课间"展评活动,将其纳入学生的综合素质评价体系。

三、丰盈"活力社团",满足个性发展

社团是课堂的延伸,它能更进一步满足学生的个性化学习需求,开发和培育学生的潜能与特长。

(一)"活力社团"的内涵与操作

"活力社团"是以"提升学生的主体性和注重学生的学习经验,促进学生全面、和谐、有个性地发展"为理念,以发展学生的体育学科核心素养为目标进行推进的。目前,我们开设了"'田'精灵""'篮'精灵""一'毽'如故""'乒'临城下""'棋'乐无穷""绳彩'飞扬""多彩排球""花木兰啦啦操"等8个体育社团,紧跟"活力体育"课程的理念,不断丰富、不断完善。我们将"活力社团"纳入"活力体育"特色课程群体系,每周四下午进行全校性走班制上课,为学生提供12门体育与健康课程;周一至周五的早上7:00—8:00或下午4:30—5:30,是8个体育社团的活动时间。学校结合各位教师的专长,明确责任,合理分工,确保各社团的课程顺利进行;同时,各社团的活动与各级各类的体育竞赛有效结合,从而更好地激发学生参与活动的兴趣。

(二)"活力社团"的评价要求

对"活力社团"的评价从社团机构与管理、活动组织与开展这两个方面多角度地进行,采用实地察看、材料核实、师生座谈、活动展示四种方式。评分达到要求者才可进一步申请郑州市金水区的"星级社团"。

第一,社团管理体制完善,机构设置合理,制定符合学生实际的社团建设实施方案;建立、健全并严格执行社团的各项规章制度;社团成员人数适合,规模适度,成员的档案资料齐全;指导教师认真负责;学生社团要突出学生的主体性和创造性,使学生在社团活动中自治自理、健康发展;社团活动空间固定,环境良好,有相应的文化建设。

第二,定期开展社团活动,组织有序、记录完善;社团活动内容丰富,形式多样,体现实践性和综合性,有利于培养和锻炼学生多方面的素质,展现校园文化精神;社团活动成果显著,取得良好的教育效果,在学生中有一定的影响。

第三,校级评价得分在90分以上的社团,才可进一步申请郑州市金水区的"星级社团"。

四、开展"活力赛事",激励全员参与

比赛是促进学习的一股力量,想推动一件事情,最好的方法就是组织比赛。让学生参加比赛是一种很好的锻炼机会。比赛有输赢,学生知道了努力的结果;比赛有团队,学生懂得了友谊和付出;比赛有困难,学生收获了解决问题的勇气;比赛有情绪,学生释放了最真实的自己;比赛有运气,学生能了解生活的真相。

(一)"活力赛事"的内涵与操作

我校将各类体育赛事纳入"活力体育"课程群,统筹兼顾、互相补充。每年举行"两大赛一达标"(春季田径运动会、全员运动会、秋季体质健康水平达标测试),同时,每学年每年级举办不低于一场的单项比赛(年级啦啦操联赛、年级篮球联赛、年级拔河比赛等)。具体安排见表1-3。

表1-3 金水区优胜路小学"活力赛事"安排表

赛事名称	参与对象	时间
体质健康水平达标测试	全体学生	每学年第一学期九月下旬
年级毽球联赛	二年级班级组队	每学年第一学期十月下旬
年级篮球联赛	四、五年级班级组队	每学年第一学期十一月上旬
年级排球联赛	六年级班级组队	每学年第一学期一月上旬
田径运动会	全校班级组队	每学年第二学期四月下旬
全员运动会	全体学生	每学年第二学期四月下旬
年级拔河比赛	五年级班级组队	每学年第二学期五月下旬
年级啦啦操联赛	三年级全体学生	每学年第二学期六月上旬

(二)"活力赛事"的评价要求

每次赛事活动前,都需要成立专项委员会,制定活动方案,印制详细计划书,指定各项负责人,进行责任到人的筹备。为保证赛事顺利圆满完成,不同赛事设置相应的评价方案。

田径运动会评价原则:集体项目录取前六名,单项积分按7、5、4、3、2、1计算,集体项目翻倍加分。4×150米接力预赛按成绩取前四名参加决赛,第五、六名按成绩直接取名次,其他径赛项目和田赛项目均按成绩直接取名次。集体项目前三名颁发证

书,其他只累计积分。

全员运动会评价原则:各年级分一、二等奖,前四名为一等奖,分值为 30 分,后四名为二等奖,分值为 20 分,计入运动会总分。

班级联赛评价原则:各年级分一、二等奖,前四名一等奖,分值为 30 分,后四名二等奖,分值为 20 分,计入"活力节日"班级积分。

五、开启"活力行走",驱动深度学习

自古以来,我国就有实践求真知的优良传统,从古时孔子带弟子周游列国,到新文化运动时期陶行知先生提出的"教学做合一"的教育理念,皆说明了"读万卷书,行万里路"的重要性。学校将"行走学习"作为达成育人目标的必要手段,纳入课程安排。

(一)"活力行走"的内涵与操作

《关于推进中小学生研学旅行的意见》中明确指出,中小学生研学旅行"是综合实践育人的有效途径"。学生通过亲历、参与各类主题教育活动,获得有积极意义的价值体验。不仅仅是综合实践活动课程,任何学科都需要"行走学习",学生走出校园可以发现新知,可以碰撞思想,可以实践所学,可以感悟生活的意义。我校"活力体育"课程对"行走学习"同样重视,每学年每社团都有外出交流与参赛的安排,多年来几乎走遍全区、全市、全国,啦啦操社团更于 2014 年接连走出国门,参加法国巴黎举行的欧洲杯啦啦操公开锦标赛、美国的全美啦啦操锦标赛,并取得优异成绩;篮球社团于 2017 年前往美国新泽西州的考德威尔学院参加夏令营。教师也会以班级为单位组织校外场馆的体育运动,如人民公园的风筝会、社区毽球比赛等;节假日及寒暑假期间,教师会以作业的形式安排学生以家庭为单位开展体育运动。

每一次授课,教师根据实际情况灵活运用各种组织方式,引导学生根据兴趣、能力、特长、活动需要等因素进行分工,做到人尽其责,合理高效。既让学生有独立思考的时间和空间,又充分发挥合作学习的优势,重视培养学生的自主参与意识与合作沟通能力。鼓励学生利用信息技术手段突破时空界限,进行广泛的交流与密切合作。[①]

[①] 中华人民共和国教育部. 教育部关于印发《中小学综合实践活动课程指导纲要》的通知:教材[2017]4 号[A/OL]. (2017-09-27)[2019-07-11]. http://www.moe.gov.cn/srcsite/A26/s8001/201710/t20171017_316616.html.

(二)"活力行走"的评价要求

为保证"行走学习"的效果,我们参照"我知道、我行走、我感悟"的板块设计,重视学生的态度与参与度,重视学生的情感体验与经验积累,培养学生的能力,对"行走学习"效果的评价也将从这三个方面展开。

第一,"行前"要先查阅、搜集资料,了解目的地城市,了解相关项目的赛事,了解对手等;要参与战术安排或交流活动项目的筹备,并做好记录。

第二,"行中"要做好参与、观看、拍照、反思、记录等工作。

第三,"行后"要写下自己的独特感受,以日记、小报、微电影等方式做汇报,与家长、同伴一起分享,把所见、所闻、所历、所思化成实实在在的收获。

最后,无论何种形式的"行走学习",最终要形成文本资料并留存,作为课程考核的依据。

六、创设"活力节日",丰富文化内涵

节日可以增强生活的仪式感,让运动沉浸在专属的节日氛围中,能够增进学生对运动项目的深入了解,提高学生对体育运动的热爱。我校充分开发、利用校内、外的资源,定期以一项运动为主题设置相应的节日,以过节的形式丰富课程的实施方式:举行相关赛事;制作知识展板和学生特色作业展示板,并配备学生讲解员;组织学生开展创意活动……学校"活力节日"的详细安排见表1-4。

表1-4 金水区优胜路小学"活力节日"安排表

时间	主题	参与对象
一月	排球节	全体师生、部分家长
三月	乒乓节	全体师生、部分家长
四月	奥林匹克节	全体师生、部分家长
五月	拔河节	全体师生
六月	炫动花球节	全体师生
九月	全民健身节	全体师生
十月	花键节	全体师生、部分家长
十一月	篮球节	全体师生、部分家长
十二月	马拉松节	全体师生、部分家长

为了让"活力节日"活动常态化、持续化,我们设置了评选活动,评选"最佳创意奖""最佳人气奖""最佳时尚奖""最佳技能奖""最佳娱乐奖"等奖项,让学生自主设计评选方案,并组成评价小组参与评选。此外,我们还通过制作"节日名片"、宣传"节日活动"、录制"节日故事"、评选"节日明星"等形式,呈现丰富的节日文化。最后,学校将各类优秀的案例编入《学校节日活动手册》,在"年度品牌节日"进行表彰。

七、加强"活力联动",凝聚教育智慧

要想更好地凝聚教育智慧,汇合创新动力,促进学生全面发展,我们离不开家庭教育的配合,因此,在家校共育中形成"目标认同、行动协调、互助互补、凝聚合力"的合作模式十分重要。在家校"活力联动"的思路下,经过几年的实践探索,我们摸索出"课内学习课外练,学校学习回家练"的模式,创建以下操作路径:成立家长委员会→形成家庭教育网→创建亲子同练模式→打造家长开放日。校内、外各时段的学练都统一指向学生的"知、能、行、健、美"五个维度,既强化学生掌握知识技能,又有助于学生养成良好的运动习惯,形成健康的生活模式,享受运动的乐趣。

在具体实施上,首先,我们按照学生不同水平段的身心发育规律和不同年级的教学内容,确定适宜的锻炼主题,明确锻炼的目的,并通过落实锻炼指导以确保亲子同练的质量。体育组教师录制标准练习动作及保护与帮助方法的指导视频,制定相应的评价标准详解,并及时将视频与详解发放给家长。以二年级上学期的开展内容为例,评价标准详情见表1-5。

表1-5 金水区优胜路小学二年级上学期体育成绩评价标准表

年级	学期	项目	等级	等级标准			
二年级	上学期	仰卧推起成桥	优秀	能独立完成动作,且动作到位、标准,并能保持动作5秒以上。			
			良好	能独立完成动作,动作基本标准,并能保持动作3秒以上。			
			合格	能在一人帮助下完成动作并保持3秒以上。			
			待提高	不能完成动作。			
		单手正对投掷方向持小沙包掷远	优秀	男	16.3米以上	女	10.5米以上
			良好		13.7—16.2米		8.4—10.4米
			合格		12.1—13.6米		7—8.3米
			待提高		12米以下		7米以下

(续表)

年级	学期	项目	等级	等级标准			
二年级	上学期	立定跳远	优秀	男	1.58 米以上	女	1.48 米以上
			良好		1.44—1.57 米		1.34—1.47 米
			合格		1.29—1.43 米		1.20—1.33 米
			待提高		1.28 米以下		1.19 米以下

其次，亲子同练的成果以作业记录表的形式记录，每次锻炼完成后需要家长签字、寄语，寄语主要是评价学生的主动练习习惯和动作质量。以二年级上学期为例，记录表详情见表1-6。

表1-6 金水区优胜路小学二年级上学期家庭作业完成情况记录表

日期	锻炼内容	成绩	自我评价	家长签字	寄语
	立定跳远				
	仰卧推起成桥				
	沙包掷远				
	立定跳远				
	仰卧推起成桥				
	沙包掷远				
	立定跳远				
	仰卧推起成桥				
	沙包掷远				
	立定跳远				
	仰卧推起成桥				
	沙包掷远				
	立定跳远				
	仰卧推起成桥				
	沙包掷远				
	立定跳远				
	仰卧推起成桥				
	沙包掷远				

(续表)

日期	锻炼内容	成绩	自我评价	家长签字	寄语
	立定跳远				
	仰卧推起成桥				
	沙包掷远				
	立定跳远				
	仰卧推起成桥				
	沙包掷远				

第三，由各年级体育任课教师负责督导亲子同练进程并搜集案例，教研组分析个案，深入研究，总结经验，优化实施。

第四，实施家长开放日活动，让家长观摩"活力课间"、参与校园赛事等，活动后收集家长的反馈，整理家长的意见，为下阶段的课程实施提供参考。家长开放日活动每学年每年级不少于1次。

总之，通过多种途径实施的"活力体育"，让每位学生在学练体育中，不仅仅获得了知识与技能，更重要的是获得了自己去探索健身的体验和利用体育知识、技能去解决实际问题的能力。教研组以富有逻辑的课程体系、灵动的实施方式、多元的课程评价为抓手，深入落实体育与健康课程的理念、目标与核心素养要求，最终展现了学生健康成长的精彩。

（撰稿人：毛艳红　白琳琳　禹瑶瑶　赵杰中）

第二章

成长萌动：追寻梦想的力量

　　每个儿童都应该有一个美好的人生开端；每个儿童都应该接受良好的基础教育；每个儿童都应有机会充分发掘自身潜能。拥有健康身心、成就健康梦想是所有人的愿景。让儿童在成长萌动中感受自己身体的力量，并在不断的运动中显现这种力量；让儿童在动感健康的活动中快乐成长，强健其体魄，发展其智力，坚定其志向，提升其素养，促进其身心和谐发展。

健康,是放飞梦想最有力的翅膀;健康,是实现梦想最温暖的阳光。郑州市金水区第一幼儿园健康领域课程教研组共有教师27人,其中包括足球专职教师1人,篮球、足球外聘教师各3人,省、市、区级骨干教师20余人,平均年龄28岁。这个优质、充满活力的团队迎着朝阳为幼儿园健康领域课程源源不断地注入力量与希望。教研组不断探索幼儿园健康领域教学活动改革,研究健康领域园本课程设置、课程内容以及实施的具体方法,经过体系梳理、目标定位、教研规划,形成了健康领域课程建设方案。

领域课程哲学　梦想的力量与阳光

有特色的活动需要完备的课程体系支持,课程的上层架构须从该领域的哲学问题进行思考。经过不断的实践探索和理论建构,幼儿园初步架构了"小健将"健康领域课程体系。

一、健康领域课程价值观

幼儿园根据《3—6岁儿童学习与发展指南》(以下简称《指南》)组织实施各项活动,是深入贯彻《国家中长期教育改革和发展规划纲要(2010年—2020年)》和《国务院关于当前发展学前教育的若干意见》的具体体现,也是对文件精神在实施层面的进一步细化。《指南》为幼儿园教师组织实施一日活动提供了有力的支持和抓手,它从健康、语言、社会、科学、艺术五大领域,分别阐述幼儿的学习与发展特征,并提出了明确的要求与指导措施,为教师和家长提供了有效教育的指导依据。

健康领域是幼儿园课程体系中五大领域的第一个领域,《指南》中明确指出:"健康是指人在身体、心理和社会适应方面的良好状态。……发育良好的身体、愉快的情绪、强健的体质、协调的动作、良好的生活习惯和基本生活能力是幼儿身心健康的重要标志,也是其它领域学习与发展的基础。"

3—6岁的幼儿正处于身心迅速发展的重要时期,这个年龄段的幼儿需要在成人的帮助下,逐步养成良好的生活方式,形成良好的行为习惯(如有规律的生活习惯、良好的卫生习惯、良好的饮食习惯、运动的习惯等)。幼儿从小养成良好的健康习惯,对其今后的发展有着至关重要的影响,因此幼儿园要把保证和促进幼儿的健康成长作为工作的第一要务。教师要引导幼儿植下成为"小健将"的梦想种子,呵护、培养幼儿"小健将"梦想的成长,助力幼儿实现成为"小健将"的梦想。

二、健康领域课程理念

著名哲学家威廉·詹姆斯说过:"种下行动就会收获习惯,种下习惯就会收获品格,种下品格就会收获命运。"根据《指南》对健康领域的要求,金水区第一幼儿园健康领域课程教研组初步梳理出健康领域的基础性特点,提炼出"动感健康"的核心要素,提出"用欢乐的运动方式促进幼儿身心健康成长"的宗旨,努力让每一个幼儿都能在适宜的方式下成为运动"小健将",同时以健康的身心建筑自己的梦想,让梦想充满阳光。

《指南》指出:"幼儿阶段是儿童身体发育和机能发展极为迅速的时期,也是形成安全感和乐观态度的重要阶段。"因此,幼儿园从身体、心理、社会适应三个方面提出了健康领域课程理念。

健康领域是养育身体的领域,是发育良好身体、强健身体素质、锻炼协调动作的领域。健康活动通过游戏情境的创设,引导幼儿主动在游戏中获得身体各部位的锻炼,从而促进幼儿动作技能的发展。

健康领域是哺育心灵的领域,是培育愉快情绪的领域。健康活动倡导科学、主动的活动方式,让幼儿在主动参与、体验健康活动的过程中,获得直接经验,形成健康、积极、阳光的生活态度。

健康领域是培育社会适应能力的领域,是养成行为习惯的领域。生活是健康的落脚点,引导幼儿关注健康知识在生活中的实际应用,使幼儿通过深刻的体验,感知健康对生活的重要价值,进而从健康的角度初步认知世界,增长健康知识,促进身心健康发展。

综上,"小健将"健康领域课程倡导教师关注幼儿的兴趣与需要,建立长期、有效、充满活力的活动,真正让幼儿拥有梦想、实现梦想、放飞梦想。领域课程要求师幼关系保持互动、互学、互助的状态,通过丰富多彩的活动内容与形式,引导幼儿在充满活力的集体活动中实现活动目标,形成强健的体魄与健康的心理状态,培养幼儿乐观、自信、积极、勇敢、向上等优秀品质。

领域课程目标　健体慧智，涵养明志

为了有效促进幼儿身体和心理等各方面的健康发展，结合幼儿园的实际情况与需要，根据幼儿身心发展的特点，金水区第一幼儿园健康领域教研组设计了"小健将"健康领域课程，其目的在于实施能够提高幼儿的身体素质，改善幼儿的健康态度，培养幼儿的健康行为，保持和促进幼儿健康发展的系统教育活动。结合幼儿园具体的育人目标，教研组设计了幼儿园健康领域的课程目标。

一、健康领域课程总目标

"小健将"健康领域课程的总目标是学前教育阶段幼儿健康领域发展的最终目的，也是确定其他层面目标的基础依据。结合健康领域的发展规划，依据《指南》的要求及幼儿发展的需要，幼儿园从身心状况、动作发展、生活习惯与生活能力三个方面提出了符合幼儿发展及幼儿园特色的健康领域课程总目标。

（一）身心状况

能让幼儿通过一日生活中的健康活动，保持健康的体态；能用合适的方式排解不良情绪，保持情绪的安定愉快；根据自己的兴趣和需要拥有自己的梦想，并为实现梦想而努力。

（二）动作发展

能让幼儿通过各种体育活动、游戏，具有一定的平衡力、稳定性、敏捷度，具有符合该年龄段的力量和耐力，做到手部动作灵活、协调。

（三）生活习惯与生活能力

能让幼儿通过多种形式的活动，养成良好的生活习惯，在教师的指导下，学习和掌握生活自理的基本方法；有安全意识，掌握一定的安全知识，具有初步的自我保护能力。

二、健康领域课程年龄段目标

《指南》指出："幼儿的发展是一个持续、渐进的过程，同时也表现出一定的阶段性特征。"因此，根据幼儿不同年龄段的发展需求，幼儿园设置了健康领域课程各年龄段的分目标，具体见表 2-1。

表 2-1　金水区第一幼儿园"小健将"健康领域课程各年龄段分目标

年龄段	目　　标
小班	1. 情绪比较稳定,能在成人的安抚下平静情绪。能适应集体生活,初步建立梦想。 2. 能在低矮的物体上行走,单手投沙包能达到 2 米左右,能快跑 15 米左右。能熟练地用勺子吃饭。 3. 具有基础的健康生活习惯。喜欢参加体育活动。
中班	1. 经常保持愉快的情绪,不高兴时能较快缓解情绪,能在成人的提醒下调整情绪,愿意倾诉自己的情绪,分享快乐或求得安慰。能较快适应新环境。能在成人的帮助下为梦想而努力。 2. 能用多种方式爬行,会助跑跨跳,能快跑 20 米左右。会使用筷子吃饭。 3. 具有良好的生活与卫生习惯。喜欢参加体育活动。
大班	1. 经常保持愉快的情绪,能自己缓解不良情绪,能正确表达情绪。能较快融入新的人际关系环境。能为实现梦想而不断努力。 2. 能爬攀爬架、攀登网等,能连续跳绳和拍球,能快跑 25 米左右。能熟练使用筷子。能使用简单的劳动工具或用具。 3. 形成良好的生活习惯,并能主动坚持。能主动参与体育活动。

在具体课程内容的选择、设计与实施中,幼儿园秉承领域课程理念,紧紧围绕以上课程目标,努力发展幼儿的健康领域核心素养,培养具有健康生活精神和健康生活能力的幼儿,为实现幼儿的梦想而不断努力。

领域课程框架 构建欢动健康梦

在全面深化和有效拓展领域课程理念的基础上,幼儿园设置了"阳光足球""灵动篮球""心理健康""卫生保健""四季劳作"五大课程分支,并以"动感课堂""动感游戏""动感社团""动感生活"等形式深化课程实施。通过面向全体幼儿,积极开展体现领域课程特色的拓展活动,不断建设丰富的游戏化的学习课程和社团活动,努力为每一个幼儿提供有趣、有效的学习条件,让每一个幼儿成为身心健康、具有一定生活技能、具有良好习惯、有良好生活态度及拥有生活情趣的健康人。

一、健康领域课程结构

依据《指南》的要求,根据幼儿园健康领域课程的标准、幼儿园健康领域课程的核心素养、3—6岁幼儿的发展特点,以及我园幼儿的身心发展特质,幼儿园对整个健康领域课程进行了进一步的建构:"心理健康"课程、"四季劳作"课程由每班课任教师负责,通过一日活动中教师组织的集体教育活动开展;"阳光足球"课程、"灵动篮球"课程由专业的专职教师负责,通过每周的专业体能训练活动进行;而"卫生保健"课程则由班级教师组织实施,通过一日生活的各个环节进行。"小健将"健康领域课程结构具体见图2-1。

图2-1 金水区第一幼儿园"小健将"健康领域课程结构图

二、健康领域课程设置

《指南》指出,幼儿园的具体教育活动目标和活动内容,"应该根据幼儿的兴趣、需要和现有发展水平,制定有针对性的活动目标,选择活动内容,提供丰富、适宜的玩教具和游戏材料,并善于把握各种教育契机,促进每个幼儿在原有水平上得到发展和提高"。[1] 因此,在"小健康"健康领域课程结构下,幼儿园初步进行了"小健将"健康领域课程设置,具体见表2-2。

表2-2　金水区第一幼儿园"小健将"健康领域课程设置

课程分支	年龄段	活动目标(单元设置)	学期	活动名称(内容)
阳光足球	小班	1. 对足球有初步的了解和认识,知道足球运动的特点。 2. 通过玩一玩、踢一踢,掌握正确的玩足球的方法。 3. 能与同伴快乐地相处,能喜欢足球运动。	上期	1. 波波球乐翻天 2. 翻滚吧波波球 3. 我的球宝宝 4. 来吧!阳光球 5. 丛林大冒险 6. 挑战雷区 7. 穿越神秘隧道 8. 小球马戏团 9. 飞吧,小球儿 10. 小球的圆舞曲 11. 带着小球去旅行 12. 停下来,小球 13. 机灵鬼打怪兽 14. 小猴摘桃 15. 小气球的舞蹈
			下期	1. 捉老鼠 2. 喂小猫 3. 别让老鼠跑出去 4. 过小河 5. 赶小猪 6. 我带小猪去旅行 7. 大果子钻山洞 8. 我帮刺猬运果子 9. 小兔子运果子 10. 我和小球来赛跑 11. 调皮的小球 12. 带着小球去旅行

---

[1] 陈姝娟.幼儿教师专业发展:专题与案例[M].广州:广东高等教育出版社,2014:111.

(续表)

课程分支	年龄段	活动目标(单元设置)	学期	活动名称(内容)
阳光足球	中班	1. 简单了解足球运动的相关知识,初步掌握脚外侧运球过杆与停球、行进间脚内侧传球、远距离脚内侧与正脚面射门等足球运动的基本技能。 2. 在探索发现、教师示范及游戏竞技活动中,发展基本动作,增加身体的灵敏性、对抗性,培养团结协作、不怕挫折的心理品质。 3. 了解球星的成长史,激发对足球运动的热爱,从而拓展到对体育活动产生广泛的兴趣。	上期	1. 脚底按摩店 2. 花样打地鼠 3. 猫鼠游戏1 4. 猫鼠游戏2 5. 足球碰碰车1 6. 足球碰碰车2 7. 谁是翻转王1 8. 谁是翻转王2 9. TOM建筑师 10. 冲锋陷阵1 11. 业务大比拼 12. 冲锋陷阵2 13. 足球的芭蕾 14. 小气球的舞蹈 15. 足球装备
			下期	1. 威武大吊车 2. 小球传输机 3. 小小压路机 4. 小小推土机 5. 超级玛丽 6. 停球专家 7. 无敌风火轮 8. 僵尸大作战 9. 让"子弹"飞 10. 跳起来小球 11. 魔法碰碰碰 12. 加油!豌豆射手 13. 我是球星 14. 三人制小比赛
	大班	1. 掌握正确的运球、射门的方法,在足球活动中养成良好的耐挫性。 2. 提高身体肌肉的协调能力和灵活能力,学习足球的基本技能。 3. 培养相互合作的意识,能主动组织开展相应的足球小比赛活动,有足球梦。	上期	1. 有趣的跳跳国士兵 2. 夺回领地 3. 机灵的汽车兵 4. 小比赛 5. 夺宝奇兵 6. 讨厌鬼别捣蛋 7. 大雄和胖虎 8. 挑战机器猫 9. 愤怒的小鸟 10. 传球高手 11. 小比赛 12. 裁判手势

(续表)

课程分支	年龄段	活动目标(单元设置)	学期	活动名称(内容)
			下期	1. 越过金字塔 2. 越过雕塑 3. 我是球王 4. 狡猾的法老 5. 开启法老之门 6. 我是球王1 7. 急速赛道 8. 勇敢的赛车手 9. 我是球王2 10. 双人赛车 11. 花样赛车 12. 我是球王3 13. 神秘的地图 14. 夺取宝藏 15. 球王说防守
灵动篮球	小班	1. 在对篮球的探索中锻炼上肢力量、协调能力、平衡能力,学习、掌握拍球的方法。 2. 通过直观的情境创设、辅助的"八大器械"、游戏化的设置,感受篮球的有趣。 3. 学着挑战自我、不怕挫折,增强对篮球活动的乐趣,能喜欢篮球活动。	上期	1. 泡泡糖黏黏 2. 小乌龟的房子 3. 对对碰 4. 猫和老鼠 5. 狼抓小羊 6. 淘气的小兔子 7. 轰炸大灰狼 8. 爱表演的小海豚 9. 种果子 10. 大袋鼠跳小袋鼠跳 11. 下雪啦 12. 小螃蟹探险 13. 翻滚的筛子 14. 激情节拍 15. 小兔子学拍球 16. 小小飞盘(备选)
			下期	1. 魔法绳 2. 老狼老狼几点了 3. 小小消防员 4. 小兔子学投篮 5. 捡豆豆 6. 打地鼠 7. 穿越雷区 8. 你藏我找 9. 老鹰与地鼠 10. 收集能量球 11. 旅行拍照 12. 帮助小乌龟 13. 拍球高手 14. 小小指挥家 15. 神奇的魔法棒 16. 捕鱼达人(备选)

(续表)

课程分支	年龄段	活动目标(单元设置)	学期	活动名称(内容)
灵动篮球	中班	1. 通过原地运球、行进间运球、抛接球等训练使上肢力量、下肢力量、协调能力、灵敏性素质等得到提高,能很好地拍球、运球。 2. 通过直观的情境创设、辅助"八大器械"、游戏化的设置,感受篮球的好玩。 3. 通过玩球发展个性,让自己变得勇敢,不怕困难、挫折,能热爱篮球活动。	上期	1. 跳跳糖 2. 篮球保卫战 3. 小螃蟹搬家 4. 抢占城堡 5. 老狼老狼几点了 6. 帮助小松鼠 7. 大灰狼来了 8. 躲地雷 9. 盖房子 10. 送小乌龟回家 11. 谁的篮球飞得高 12. 突出重围 13. 魔法绳 14. 篮球保卫战 15. 危险的火箭炮 16. 搜集能量球(备选)
			下期	1. 精灵的小兔子 2. 攻占城堡 3. 比比谁更快 4. 买水果 5. 我是小能手 6. 繁忙大马路 7. 春游 8. 打老虎 9. 幸运大投球 10. 小兔子学投篮 11. 轰炸大灰狼 12. 超级冰激凌 13. 魔毯 14. 老狼老狼几点了 15. 争分夺秒 16. 请你猜一猜(备选)
	大班	1. 了解篮球比赛的基本规则,通过绕障碍运球、行进间抛接球等游戏化的训练,能够加强身体素质,从而进行"三人对抗赛"。 2. 通过直观的情境创设、辅助"八大器械"、游戏化的设置,感受篮球的魅力。	上期	1. 袋鼠跳 2. 打地鼠 3. 欢乐对对碰 4. 小马跳河 5. 我说你做 6. 看谁反应快 7. 我是小闹钟 8. 旋转的陀螺 9. 老狼老狼几点了 10. 小小指挥家 11. 帮助小松鼠 12. 抢占城堡 13. 冲浪

(续表)

课程分支	年龄段	活动目标(单元设置)	学期	活动名称(内容)
	大班	3. 积极参加篮球活动,遇到事情会勇敢面对,树立初步的团队意识,能拥有篮球梦。	上期	14. 七上八下 15. 拍球小能手 16. 穿越雷区
			下期	1. 运送小能手 2. 最佳搭档 3. 齐心协力 4. 大风车 5. 调皮的小篮球 6. 小篮球过山洞 7. 篮球超人 8. 幸运大投篮 9. 同上同下 10. 小青蛙跳荷叶 11. 你藏我找 12. 幸福接力赛 13. 我是小射手 14. 跳火圈 15. 火车来了 16. 危险的电线(备选)
卫生保健、心理健康(每周各一次)	小班	1. 初步感知新的环境,并逐步适应环境。 2. 通过多种形式的游戏活动,逐步掌握自我服务的能力,形成自我服务的意识。 3. 尝试调节自己的情绪,能主动表达自己的情绪需要。了解自己的兴趣,知道自己喜欢什么,有自己的梦想。	上期	1. 大手拉小手 2. 幼儿园真好玩 3. 我要上厕所 4. 口渴了喝什么 5. 小兔采蘑菇 6. 青蛙捉害虫 7. 会变的脸 8. 玩具找家 9. 冷了热了都会说 10. 鼻涕不见了 11. 会说话的身体 12. 打雪仗 13. 我爱我的幼儿园 14. 我和我的新朋友 15. 想妈妈了怎么办? 16. 爱的抱抱(备选)
			下期	1. 开门、关门 2. 快乐飞行员 3. 他为什么肚子疼 4. 亮亮的眼睛 5. 孵小鸡 6. 想喝水就去喝 7. 远离插座 8. 不跟陌生人走 9. 猫和老鼠

(续表)

课程分支	年龄段	活动目标(单元设置)	学期	活动名称(内容)
卫生保健、心理健康（每周各一次）			下期	10. 求助电话 11. 给娃娃洗澡 12. 小矮人运西瓜 13. 好吃的糖豆豆 14. 嘴巴馋了,怎么办? 15. 不怕看医生 16. 我好害怕(备选)
	中班	1. 认识身体的各个部位,掌握清洁的步骤,清洁方法基本正确。 2. 尝试运用多种方法对身体部位进行探索,了解不同部位的作用和功能,在亲身经历的过程中掌握正确清洁和保护的方法。 3. 在不断探索的过程中,树立积极健康的生活态度,能在成人的帮助下知道为了梦想而努力。	上期	1. 看谁听得清 2. 我长大了 3. 盲人摸路 4. 快乐花园 5. 赶走不开心 6. 帮小动物盖房子 7. 蔬菜宝宝我爱你 8. 神秘的暗道 9. 剥花生 10. 打喷嚏 11. 会变暖的衣服 12. 笨笨虫旅行记 13. 小乌龟开店 14. 我说你真棒 15. 我的好朋友 16. 送小花(备选)
			下期	1. 肠胃小闹钟 2. 大鞋追逐战 3. 运动时穿什么 4. 手纸擦擦擦 5. 快乐去郊游 6. 小心烫伤 7. 拧开、旋上 8. 求助电话 9. 能干的我 10. 跳房子 11. 勇敢的尼莫 12. 取暖的好方法 13. 有话好说 14. 扑克星 15. 夺宝奇兵 16. 蚂蚁的故事(备选)

(续表)

课程分支	年龄段	活动目标(单元设置)	学期	活动名称(内容)
	大班	1. 建立良好的生活和卫生习惯,能够用正确的方法主动地盥洗和整理。 2. 用收集和分享的方法,养成良好的卫生习惯,通过合作学会主动地自理和自立。 3. 养成主动、良好的习惯意识,获得合作学习的快乐,不断努力实现梦想	上期	1. 看谁跳得高 2. 换牙庆祝会 3. 障碍我不怕 4. 取地图 5. 地铁的安全 6. 蜈蚣爬 7. 有输有赢 8. 我想更美 9. 大家来锻炼 10. 丹顶鹤 11. 情绪小档案 12. 衣服怎么穿 13. 蚂蚁的故事 14. 有话好说 15. 换牙了 16. 我是大哥哥(大姐姐)(备选)
			下期	1. 硬硬的壳,香香的肉 2. 我长大了1 3. 看不见的细菌 4. 尖利的东西会伤人 5. 受委屈了怎么办? 6. 小树长大了 7. 食品袋上的秘密 8. 小小运输队 9. 请你不要碰我 10. 我长大了2 11. 我会交朋友 12. 跨跳过彩瓶 13. 我的书包 14. 侧行比赛 15. 坦克小队 16. 不多不少刚刚好 17. 制定小计划(备选) 18. 说说心里话(备选)
四季劳作 (根据季节和节气进行安排)	小班	第一单元:四季劳作之秋收 第二单元:四季劳作之冬藏	上期	1. "稻草人"保庄稼 2. 蛋蛋大挑战 3. 摘果果,尝果果 4. 挤暖和 5. 冬至到,饺子香 6. 宝宝爬爬乐
		第三单元:四季劳作之春耕 第四单元:四季劳作之夏芒	下期	1. "百宝箱"里的工具 2. 虫虫虫虫爬 3. 种萝卜 4. 和青蛙妈妈来捉虫 5. 摘摘乐

(续表)

课程分支	年龄段	活动目标(单元设置)	学期	活动名称(内容)
	中班	第一单元：四季劳作之秋收 第二单元：四季劳作之冬藏	上期	1. 晒晒秋意浓 2. 小小农夫种菜忙 3. 给麦种宝宝盖被 4. 藏冬货，好过冬 5. 饺子拼盘 6. 剪刀翻飞出窗花
		第三单元：四季劳作之春耕 第四单元：四季劳作之夏芒	下期	1. 小工具，大帮手 2. 种种乐 3. 我会种种子 4. 会动的稻草人 5. 嘿，丰收了
	大班	第一单元：四季劳作之秋收 第二单元：四季劳作之冬藏	上期	1. 沤肥小能手 2. 秋分到，摘棉花 3. 粒粒金黄剥玉米 4. 编编乐 5. 其乐融融包饺子 6. 冰雪世界，乐冻冰花
		第三单元：四季劳作之春耕 第四单元：四季劳作之夏芒	下期	1. 我是小小"按摩师" 2. 浇水除草我来忙 3. 小小农夫真忙活 4. 我是捉虫小能手 5. 收获庄稼真快乐

领域课程实施　动感活动成就小健将

学前教育阶段的健康领域课程应该体现启蒙性、基础性,一方面,要提供给幼儿未来发展所必需的健康身体,使幼儿初步掌握锻炼身体的能力;另一方面,要使幼儿从心理健康的角度逐步清晰社会与自身的关系,从而更好地适应社会生活。

幼儿的学习总是在一定的情境中产生。当教师根据幼儿的需要,将其与具体的活动内容相结合,设计有趣、有意义、指向性强的问题,引导幼儿在已有知识经验的基础上创设游戏情境,能使幼儿在问题情境中进行发现与探究,激发幼儿主动思考、主动学习,最终主动获得知识经验。

为此,"小健将"健康领域课程提出:课程应回归生活,应让幼儿体验有价值的健康生活。幼儿园的健康活动是充满童趣的,它以激发幼儿的兴趣为出发点,以丰富多彩的动感活动为载体,以成就"小健将"梦想为目标。因此,课程的实施从建构"动感课堂"、开展"动感游戏"、打造"动感社团"、举办"动感活动"等多个方面进行组织与实施。

一、建构"动感课堂",营造健康生活

幼儿园教学活动的实施主要通过集体教学活动的方式进行,是教师主导的有目的、有计划、有设计和有组织的专门活动。"动感课堂"作为健康领域的集体教学活动,具有生动、有趣、充满动感等特点,深受幼儿喜爱。

(一)"动感课堂"的内容与组织形式

"动感课堂"的内容依据《指南》要求,具体参考北京少年儿童出版社出版的《主题活动》和南京师范大学出版社出版的《幼儿园渗透式领域课程》进行设定。"动感课堂"的主要内容包括"卫生保健""阳光足球""灵动篮球""心理健康""四季劳作"这五个课程分支,针对幼儿园教育教学的特点,具体内容与组织形式多种多样。

1."卫生保健"课程的内容与组织形式

幼儿的所有经验均源于生活,并用于生活。"卫生保健"课程的内容从身心状况、动作发展、生活习惯与生活能力进行选择与设定,并结合幼儿园幼儿的具体需要进行调整,在此基础上,加入幼儿园在不断实践中积累的一些原创活动案例。

这部分内容的组织形式是集体教学,由班级科任教师负责组织实施。教师注重引导幼儿在特定的情境或者真实且有趣的情境中学习,并将通过发现、体验、讨论、解决等探究过程有效进行健康体验和锻炼作为课程实施的出发点。

2. "阳光足球"课程的内容与组织形式

3—6岁是学前儿童的身体发育和机能发展极为迅速的时期。幼儿在这一时期,脑的结构和机能高速发展,大肌肉发展较快,身体组织结构和器官功能有所加强,力量和耐力不断增强。因此,以足球为媒介,以足球活动为主线开展课程,为增进幼儿的体质健康,培养幼儿的体育活动兴趣和顽强的意志品质,及为幼儿其他领域的学习与发展奠定基石,为幼儿的终身发展打下良好的基础,是幼儿园课程的重要部分。

此课程实施对象为幼儿园小、中、大三个不同年龄班的幼儿,重在强健幼儿体质、培养意志品质。课程主要通过专职教师组织的专项活动实施,利用游戏的方式,引导幼儿在愿意参加体育活动的基础上,积极进行力所能及的体育锻炼,从而不断增强体质,并促进顽强意志品质的形成。课程通过多种形式来创设情境,以班级为单位,以专职教师为主进行活动的开展与落实。

3. "灵动篮球"课程的内容与组织形式

3—6岁是儿童身体发育和机能发展极为迅速的时期,也是形成安全感和乐观态度的重要阶段。幼儿可以通过活动锻炼身体,在运动中让内心得到释放、情感得到抒发,从而获得良好的情绪体验。篮球作为幼儿从小就喜欢的玩具之一,为幼儿所熟悉。依据《指南》中对幼儿体能的要求,和现如今幼儿对健康体质的需要,幼儿园力求通过"以动健体"提高全园幼儿的身体素质,让幼儿对运动产生浓厚的兴趣,从而强身健体。

"灵动篮球"课程中的篮球活动是篮球专职教师有计划、有目的、有组织地通过游戏的形式引导幼儿学习篮球的基本动作,同时增强幼儿的体质,并促进幼儿良好个性品质与社会性的发展。

课程实施对象为幼儿园小、中、大三个不同年龄班的幼儿,重在通过游戏情境中篮球基本动作的学习与训练,促进幼儿形成良好的个性品质和社会性;利用游戏的方式科学、适宜地推动幼儿的锻炼,使幼儿在德、智、体、美等诸多方面得到发展,让幼儿的体格更加协调地发展,对幼儿的心理发展也有很重要的影响。课程由专职篮球教师负责,以班级为单位,主班教师配合开展活动。

4."心理健康"课程的内容与组织形式

3—6岁是学前儿童的心理发展、成长和人格形成的关键时期。这一阶段幼儿的特点是可塑性强,但在心理发展上极不成熟。在运动活动中,幼儿面对具有挑战性的任务往往表现出胆怯、抗挫性低、独立性差、心理脆弱、怕苦畏难、缺乏合作交往意识和能力、自控能力差等不良心理状态,因此,培养幼儿良好的意志品质势必成为我园健体课程中的重要组成部分。

心理健康是指人的智力正常、情绪良好、个性健全,能适应环境,人际关系协调。这些都与幼儿未来的发展关系重大。"心理健康"课程的实施对象为幼儿园小、中、大三个不同年龄班的幼儿,重在引导幼儿养成良好的性格、品质;利用游戏的方式引导幼儿体验并克服在生活中感到害怕的事情,尝试对不良情绪的控制,进而促进良好意志品质的形成。课程通过教研组统一教研,由班级任课教师通过班级集体教学活动组织实施。

5."四季劳作"课程的内容与组织形式

结合《幼儿园教育指导纲要》《指南》《幼儿园工作规程》的要求,本课程充分满足了幼儿对亲自投身劳作活动、在农时劳作中锻炼身体的渴望,力求通过课程的开设进一步激发幼儿对劳作的兴趣,并逐步改变如今幼儿身体素质较差的现状。

如今独生子女较多,家庭的教养观念有误区,家长的包办代替束缚了幼儿的手脚,导致幼儿的身体素质每况愈下。"四季劳作"课程的实施对象为幼儿园小、中、大三个不同年龄班的幼儿,重在引导幼儿了解二十四节气、植物的生长过程和人类的劳动过程,达到在劳动中锻炼身体的目的,从而提高幼儿的身体素质。课程由教研组集体教研、设计,通过班级带班教师开展与落实。

(二)"动感课堂"的评价要求

课堂内容的丰富与多样,要求了教师从多个方面对课程内容、幼儿展开全方位的评价,评价根据"动感课堂"的五部分内容进行。

1."卫生保健"课程的评价

幼儿园拓展了多样化的评价途径,坚持"多个角度看问题",采用过程性评价和终结性评价相结合的评价方式,增强幼儿主动参与活动的兴趣,并努力让幼儿和家长发现前行过程中的各种进步。

过程性评价的主要内容是对集体教育活动的评价,教师在不断加深对"动感课堂"的理解,完善"动感课堂"的构成要素,不断丰富、总结经验,夯实基础,实现教学的最优化的同时,对幼儿在集体活动中的表现进行简单的评价,主要记录的内容为活动反思与个案追踪。

在终结性评价上,幼儿园根据活动类型的不同,设计"动感课堂"教学评价指标,根据不同的评价对象,分为对教师的评价和对幼儿园的评价。对教师的评价分为教师自评、教研组评价和家长评价三个部分。教师自评通过每次活动后教师的教育反思体现,一"课"一反思,每月的健康教育活动中,选择其中的一次进行重点反思。教师对活动过程的自我反思,对课程本身及教师来说,也是一个评价的过程,并且是考核课程建设和推进课程实施的重要指标,占总评价的20%。另一方面,园领导通过听课的方式对执教教师进行评价,作为期末教研组对教师进行评价的另一组成部分,占总评价的20%。

健康领域的活动内容从幼儿生活出发,最终服务于幼儿,幼儿园在每学期末对家长进行问卷调查,根据幼儿本学期在健康领域活动中的发展情况对教师进行评价,占总评价的20%。教师评价中最重要的是教研组依据幼儿发展情况对教师做出的评价,占总评价的40%。

在对幼儿的测评上,幼儿园依据《指南》的要求,从情感与态度、行为与习惯、能力与发展三个方面设置了健康领域"卫生保健"课程的评价指标,具体见表2-3。

表2-3 金水区第一幼儿园"小健将"健康领域课"卫生保健"课程评价指标

年龄班	项目 学期	情感与态度	行为与习惯	能力与发展
小班	上期	情绪较稳定,在教师的帮助下能适应集体生活。	养成良好的作息习惯。	能熟练使用勺子,尝试使用剪刀。
	下期	有比较强烈的情绪反应,能在成人的安抚下逐渐平静。	建立良好的初步的生活习惯。	能双脚灵活交替上下楼梯,能双手向上抛球。

(续表)

年龄班 \ 项目 \ 学期		情感与态度	行为与习惯	能力与发展
中班	上期	经常保持愉快的情绪，不高兴时能较快缓解情绪。	每天按时睡觉和起床，并能坚持午睡。	能在较窄的低矮物体上平稳地走一段距离。
	下期	愿意把自己的情绪告诉亲近的人，一起分享快乐或求得安慰。	喜欢参加体育活动，知道简单的求助方式。	能与他人玩追逐、躲闪跑的游戏。
大班	上期	知道引起自己某种情绪的原因，并努力缓解不安情绪。	主动保护眼睛，能自觉遵守基本的安全规则和交通规则。	能以手脚并用的方式安全地爬攀登架、攀登网等。
	下期	能随着活动的需要转换情绪和注意对象。	会自己系鞋带。运动时能注意安全，不给他人造成危险。	能连续跳绳。

每学期末，班级教师需根据本学期幼儿的具体情况，结合上述评价表对幼儿进行"卫生保健"课程的评价。每学期的评价指标有3项，达成三项指标的评价为A，达到两项指标的评价为B，只能达到一项指标的评价为C。在此基础上，教师还应写出班级幼儿出现的具体问题，并列出相应的解决措施。

2."阳光足球"课程的评价

"阳光足球"课程的评价主要是针对幼儿进行的评价，通过幼儿的评价，反映出对课程设置及设计的合理性的评价。评价主要由过程性评价、终结性评价和测试性评价这三个方面组成。在过程性评价中，幼儿出勤情况占总评价的30%，课程中根据幼儿的表现随机奖励小红花、小贴画等情况不纳入总评价。

在终结性评价中，教师根据幼儿在足球活动中的参与度进行评价，从幼儿的参与兴趣、团队合作意识等心理品质以及参加足球活动的强度与密度等几个方面对幼儿进行评价，占总评价的30%，具体见表2-4。

表2-4 金水区第一幼儿园"阳光足球"课程幼儿终结性评价评价表

"阳光足球"活动的评价内容	师 评
参与足球活动的兴趣	

(续表)

"阳光足球"活动的评价内容	师 评
自信心	
对抗性	
团队合作意识	
规则意识	
参加足球活动的强度与密度	

注：优秀 ☺ ☺ ☺　良好 ☺ ☺　一般 ☺

根据《指南》中对幼儿的力量与耐力发展的建议目标，参考幼儿在足球活动中形成的技能，对幼儿体能进行测试评价，占总评价的40%。不同年龄班的幼儿所采用的评价指标均不相同，以中班幼儿的测评表举例说明，具体见表2-5。

表2-5　金水区第一幼儿园"阳光足球"课程中班幼儿测评表

中班体能测试表		
评价要素	评价标准	教师评价
具有一定的力量与耐力	双手抓杠铃10秒左右	
	单手将沙包向前投掷2米左右	
	单脚连续向前跳2米左右	
	快跑15米左右	
	行走1公里左右	
足球技能	脚外侧运球过杆	
	脚外侧停球	
	行进间脚内侧传球	
	远距离脚内侧射门	
	正脚面射门	

注：优秀 ☺ ☺ ☺　良好 ☺ ☺　一般 ☺

3. "灵动篮球"课程的评价

"灵动篮球"课程的评价主要是针对幼儿的评价，通过对幼儿的评价，反映出对课程设置及设计的评价。评价主要由过程性评价、终结性评价和测试性评价三个方面组成。在过程性评价中,幼儿的出勤情况占总评价的30%,课程中根据幼儿表现随机奖励小红花、小贴画等情况不纳入总评价。

在终结性评价中,教师根据幼儿在篮球活动中的参与度进行评价,从幼儿的参与兴趣、团队合作意识等心理品质以及参与篮球活动的强度与密度等几个方面对幼儿进行评价,占总评价的30%,具体见表2-6。

表2-6 金水区第一幼儿园"灵动篮球"课程幼儿终结性评价评价表

"灵动篮球"活动的评价内容	师　评
参与篮球活动的兴趣	
自信心	
对抗性	
团队合作意识	
规则意识	
参与篮球活动的强度与密度	

注:优秀 ☺☺☺　良好 ☺☺　一般 ☺

根据《指南》中对幼儿的力量与耐力的发展情况的建议目标,参考幼儿在篮球活动中形成的技能进行测试性评价,占总评价的40%。不同年龄班的幼儿所采用的评价指标均不相同,以中班幼儿的测评表举例说明,具体见表2-7。

表2-7 金水区第一幼儿园"灵动篮球"课程中班幼儿测评表

中班终结性评价		
评价要素	评价标准	师评
具有一定的力量与耐力	双手抓杠铃10秒左右	
	单手将沙包向前投掷2米左右	
	单脚连续向前跳2米左右	
	快跑15米左右	
	行走1公里左右	
篮球技能	自由拍球	
	原地运球	

(续表)

中班终结性评价		
评价要素	评价标准	师评
篮球技能	行进间运球	
	绕障碍运球	

注：优秀 ☺☺☺　　良好 ☺☺　　一般 ☺

4."心理健康"课程的评价

"心理健康"课程的评价分为过程性评价与终结性评价两部分，其中过程性评价占60%，执教教师对幼儿在活动过程中的表现进行评价，具体可分为：根据幼儿的表现给予的具体口头表扬、肯定、拥抱等；根据幼儿在活动中的具体情况发放的奖贴。

终结性评价占40%，主要为教师评价、家长评价两部分。评价内容包括对幼儿的评价、对教师的评价、对课程本身的评价，由各评价表最终得出对整个课程的总评价，具体参考的指标为幼儿心理健康发展目标，具体见表2-8。

表2-8　金水区第一幼儿园"心理健康"课程幼儿评价表

	教师评价	家长评价	总评
幼儿			
教师			
课程			

标注：
1. 优秀 ☺☺☺　　良好 ☺☺　　一般 ☺
2. 总评是家长评价和教师评价的平均数值

5."四季劳作"课程的评价

"四季劳作"课程采取多元化、全方位的评价办法，既有针对幼儿参与活动的兴趣与积极性的过程性评价，又有围绕幼儿在课程实施后的心理变化和身体素质的终结性评价。

过程性评价占60%，通过执教教师对幼儿在活动过程中的表现进行评价，一方面是根据幼儿的表现给予的具体口头表扬、肯定、拥抱等，另一方面是根据幼儿在活动中的具体情况发放的奖贴。

终结性评价占 40%，由班级教师依据幼儿在劳动中参与活动的主动性，使用工具的正确度与连贯性，在农业劳动中形成的意志品质三个方面进行评价，具体见表 2-9。

表 2-9 金水区第一幼儿园"四季劳作"课程评价表

农作劳动内容	自评	师评	家长评	总评
劳动的兴趣				
工具的正确使用				
不怕吃苦的良好品质				

注：优秀 ☺ ☺ ☺　良好 ☺ ☺　一般 ☺

二、玩转"动感游戏"，活力健康课间

随着我国与世界文化的接轨，民族文化被人们逐渐遗忘，很多幼儿从未接触过民间游戏，了解不到它的趣味性、简便性、灵活多样性，感受不到它的民族特色和乡土气息，更不知其源于民间现实生活的特点。因此，重拾民间传统游戏，增强幼儿体质，培养幼儿机智勇敢、团结友爱、遵守纪律等良好品质尤为重要。"动感游戏"活动充分体现了幼儿园"以动健体"的呼唤与向往，力求通过活动的开设引导幼儿对民间体育游戏的喜爱，并逐步激发幼儿主动、积极参与体育运动的兴趣，进而使幼儿在快乐的童年生活中得到体能锻炼。

（一）"动感游戏"的内容与组织形式

民间传统游戏不仅趣味性强、百玩不厌，还能促进幼儿身体健康成长，给予幼儿积极的情感体验，帮助幼儿形成良好的意志品质，促进幼儿社会性和智力的发展。

活动实施对象为小、中、大班的幼儿。幼儿通过参与传统特色游戏，掌握传统特色游戏的玩法，逐渐增强体能。由班级主班教师在户外活动时间组织实施。

（二）"动感游戏"的评价要求

"动感游戏"的评价为过程性评价，教师关注游戏过程中幼儿的表现，对游戏中能够完成任务的幼儿给予贴画奖励；对于敢于挑战自我的幼儿给予激励性的口头鼓励。同时，结合幼儿在游戏中的表现，在期末的健康领域测评中给予评价。

三、构建"动感社团"，放飞健康梦想

遵从"小健将"课程的目标，为了进一步推动幼儿在身体、动作方面的发展，满足不

同幼儿的兴趣爱好,努力做到"我想、我会、我爱、我擅",发展幼儿的喜好,培养幼儿的特长,我园构建了"动感社团"。"动感社团"分为"阳光足球"社团、"灵动篮球"社团、"四季花儿"体操社团。社团的评价由家长评价与幼儿测评两方面组成,三个社团所用的家长评价表统一,在填写时只需加上社团名称即可,具体见表2-10。

表2-10　金水区第一幼儿园"　　　"社团家长评价表

幼儿年龄班：_____

评价项目	家长评价		
	优	良	中
活动目标的合理性			
活动设计的趣味性			
幼儿兴趣与参与度			
活动过程的适宜性			

备注：请在您认为合适的地方打"√"

由于每个社团的方向不同、内容不同、侧重点不同,幼儿园根据不同社团的性质,又设置了不同社团的幼儿测评表,具体见表2-11、表2-12、表2-13。

表2-11　金水区第一幼儿园"阳光足球"社团幼儿测评表(中班)

具体指标项目	评价等级		
	优	良	中
脚外侧运球过杆			
脚外侧停球			
行进间脚内侧传球			
远距离脚内侧射门			
正脚面射门			

备注：请在您认为合适的地方打"√"

表2-12　金水区第一幼儿园"灵动篮球"社团幼儿测评表(大班)

具体指标项目	评价等级		
	优	良	中
原地及行进间高低运球			

(续表)

项目 \ 具体指标	评价等级		
	优	良	中
原地及行进间体前变向			
原地及行进间胸前传球、击地传球			
花式运球（双手运双球、转身运球、交叉手运球、交叉步运球、交换运球等）			
投篮			
三步上篮			

备注：请在您认为合适的地方打"√"

表 2-13　金水区第一幼儿园"四季花儿"体操社团幼儿测评表

项目 \ 具体指标	评价等级		
	优	良	中
动作是否标准与到位			
节奏与节拍			
动作的力度、协调与连贯			
四肢曲直是否正确且到位			

备注：请在您认为合适的地方打"√"

四、贴近"动感生活"，亲密健康运动

健康领域的活动丰富多彩、形式多样。为了营造"动感生活"的健康氛围，幼儿园通过多种形式和内容引导家长参与到幼儿园的健康运动中。每年的"园长杯"幼儿足球班级联赛不仅有幼儿间的比赛，也有家长代表间的比拼；冬日暖阳"三个一"暨"小班爬出一身汗""中班拍出一身汗""大班跳出一身汗"启动仪式，利用晨间活动短短的20分钟，通过精心设计的游戏内容，引导幼儿和家长共同参与其中；春、秋两季亲子运动会上，有小小运动员的器械操展示，也有符合年龄段特点的亲子游戏……这些都是健康领域"动感生活"活动的具体实施途径。

在灵活多变的形式和内容中，家长参与健康活动的程度越来越高，对幼儿园健康活动的理解和支持也越来越充分，大家将注意力都集中在了通过活动得到的经验与锻

炼上。因此,"动感生活"评价的方式主要有赛事评价、证书式评价、展示性评价,目的在于通过这样的评价给予幼儿和家长充分的肯定、鼓励与支持。

总之,"小健将"健康领域课程的建设与实施任重且道远,幼儿园会始终坚持在幼儿园"梦想课程"的总引领下,坚持以幼儿为本的发展理念,引导幼儿及家长走在健康、和谐的健康之路上,并力争走出一条富有金水区第一幼儿园特色的健康领域课程建设之路。幼儿园坚信:目标已明确,方案已确定,落实有途径,评价有抓手,幼儿园只要能够坚定不移地走下去,就一定能让幼儿园"小健将"健康领域课程长出美丽的翅膀,成就孩子们美好的未来。

(撰稿人:齐静静　刘　璟　李春阳　李博雅　邵莎莎)

第三章

生命愉悦：品味跃动的童年

生命最初的自然奔放的样态，便是体育最美的姿态。建构起立体的、广阔的课程，让生命在这自由空间里尽情释放，让生命品味力量与精神的愉悦，让生命保持最有活力的姿态。要珍惜生命本能的跃动，遵循儿童"爱玩"的天性，有多少种玩耍的方式，就有多少种体育学习的方式，让兴趣引领儿童体悟身体之美，磨炼坚韧意志，绽放生命精彩。

郑州市金水区纬五路第二小学体育教研组现有教师10人,其中,35岁以下青年教师9人,他们富有朝气,善于学习,勇于创新。近年来,体育教研组发挥专业团队优势,研究体育教材教法,深化课程改革,取得了显著的成绩。体育教研组先后3人次获得国家级优质课一等奖,2人次获得河南省优质课一等奖,4人次获得郑州市优质课一等奖。

学科课程哲学　让儿童玩转精彩童年

《义务教育体育与健康课程标准(2011年版)》指出:"义务教育体育与健康课程遵照'健康第一'的指导思想,……是学校课程的重要组成部分。"[1]

一、学科性质观

体育与健康课程"是以身体练习为主要手段,以学习体育与健康知识、技能和方法为主要内容,以增进学生健康,培养学生终身体育意识和能力为主要目标的课程。……课程强调充分发挥体育的育人功能,强调以体育与健康学习为主,渗透德育教育,……"[2]

基于对课程标准的理解与认识,我们认为,小学阶段的体育与健康课程需要遵循儿童"好玩"的天性,尊重儿童身体的发展规律,为其提供"好玩"的体育课程,以愉悦的情感体验开启学习之旅,以有趣的学习方式习得体育技能,以丰厚的学习成果滋养身心。

二、学科课程理念

基于以上对学科性质观的认识,我校将体育课程命名为"FUN体育"。

"F"代表 free,意为"自由",指向学习氛围。"FUN体育"营造轻松自由的学习氛围,建构融洽互动的师生关系,引导学生在和谐、愉悦的课堂氛围中发展体育技能,培

---

[1] 中华人民共和国教育部.义务教育体育与健康课程标准(2011年版)[S].北京:北京师范大学出版社,2012:1+2.
[2] 中华人民共和国教育部.义务教育体育与健康课程标准(2011年版)[S].北京:北京师范大学出版社.2012:2.

养健康的行为与生活方式,张扬自我个性。

"U"代表 understand,意为"理解""懂得",指向学习方式。学生在"FUN 体育"课程的学习中,发挥个体能动性,以"行走学习""赛事学习""节日学习"等多样化的学习方式,获取适合自身特点的运动方法和技能,学会学习,学会锻炼,形成自我保护能力,养成健康文明的行为习惯和生活方式。

"N"代表 nourish,意为"滋养",指向学习成果。"FUN 体育"建构有逻辑感的课程框架,以多元多样的实施与评价方式,满足学生的学习需求,让每一位学生都能树立起良好的体育道德意识,拥有坚强的意志品质,快乐习得技能,自由发展品质,享受健康生活。

由此我们提出"FUN 体育"的课程理念为"玩转精彩童年",具体可以理解为:

立足"好玩"的天性。孩子的天性就是好玩、好动,"FUN 体育"课程就是遵循孩子的天性,为他们量身打造"好玩"的体育,学习内容是有趣的,学习方式是多样的,保持学生对体育运动天然的热情,并引领其形成持续的学习动力。

创设"乐玩"的情境。"FUN 体育"课程强调营造学生乐于接受、充满乐趣的学习氛围,创设游戏、竞赛等特定的学习任务与情境,让学生在与真实世界联结的过程中,自觉参与学习,体验运动快乐,获得阳光快乐的心态和健康的体魄。

彰显"趣玩"的品质。"FUN 体育"不仅强调学习过程的趣味性,更强调学习效果的品质性。学生在课程中获取积极的情感体验,在参与中获得成就感,在玩中全面发展学科素养,玩出乐趣、玩出技能、玩出品格。

培养"善玩"的情趣。学生在"FUN 体育"课程的学习中,乐学善学,发展自主学习的能力,能够调整自己的学习策略,形成稳定的运动爱好和专长,自觉、积极地进行体育锻炼,管理自己的身体健康。

学科课程目标　FUN 出健康快乐的生命活力

《义务教育体育与健康课程标准(2011年版)》指出:"通过课程的学习,学生将掌握体育与健康的基础知识、基本技能与方法,增强体能;学会学习和锻炼,发展体育与健康实践和创新能力;体验运动的乐趣和成功,养成体育锻炼的习惯;发展良好的心理品质、合作与交往能力;提高自觉维护健康的意识,基本形成健康的生活方式和积极进取、乐观开朗的人生态度。"[①]

一、学科课程总目标

基于对课程标准的解读与认知,我们认为体育与健康课程的核心体现在运动能力、健康行为和体育品德三个方面。依据《义务教育体育与健康课程标准(2011年版)》,结合学校实际,我们从良好的运动能力、健康的行为习惯、积极的体育品德三个方面设置"FUN体育"课程总目标。

(一) 良好的运动能力

良好的运动能力是促进学生身体健康、体能发展的主要内容和手段,是学生终身体育学习和健康生活的基础,其主要目标包括:学生通过体育学习活动,了解一些基础的运动知识,掌握一定的运动技能和方法,提高自我运用技能、发展体能的能力,增强安全意识和防范能力。

(二) 健康的行为习惯

健康的行为习惯是改善健康状况、形成良好生活方式的关键,可以提高自我发展效能,提升幸福感。健康行为习惯的主要目标包括:积极参与体育学习和锻炼,掌握基本的保健知识和方法,塑造良好的体形和身体姿态,同时学会并掌握一些调控情绪的方法,提高自我适应环境的能力。

(三) 积极的体育品德

积极的体育品德对维护社会规范、促进社会风尚具有重要作用。学生通过体育学

---

① 中华人民共和国教育部.义务教育体育与健康课程标准(2011年版)[S].北京:北京师范大学出版社,2012:6.

习活动,能具备良好的规则意识和坚强的意志品质,能正确对待比赛的胜负结果,能学会自我减压,学会对同伴进行心理疏导,学会与同学友好相处,学会正确评价自己与他人,从而形成良好的合作意识与能力,以及勇敢顽强、积极进取、追求卓越的体育道德。

二、学科课程学段目标

依据《义务教育体育与健康课程标准(2011年版)》和学校"FUN体育"课程的理念,我们从运动能力、健康行为、体育品德三个方面构成了"FUN体育"课程三维一体的目标体系,具体学段目标见表3-1。

表3-1 金水区纬五路第二小学"FUN体育"课程学段目标

目标领域 学段	运动能力	健康行为	体育品德
水平一 (1—2年级)	积极主动地上课,乐于参加体育课外活动。能够说出所学项目的名称或动作术语,并在活动中完成多种形式的跑、跳、投等基本动作。体验并了解"速度、节奏、力量、方向"等运动现象。在体育活动中完成基本的身体活动。参与小篮球、小足球等球类游戏。通过练习基本体操,提升所学动作的节奏感、柔韧性、协调性和连贯性。掌握安全运动以及日常生活中有关安全避险的知识和方法。	初步了解饮食、眼部及口腔的个人卫生常识。能在日常生活和运动中保持正确的行为表现和身体姿态。乐于参加户外运动,能够完成多种柔韧性和灵敏性练习。	努力完成教师在课堂上布置的体育与健康学习任务。积极在愉快的环境中进行体育锻炼和游戏,体验活动前后的情绪变化。在体育活动中乐于帮助同学,对同学关心和爱护。
水平二 (3—4年级)	乐于参加新的情景类、角色扮演类、竞赛类等体育游戏和活动。能了解一些并说出奥林匹克运动的知识、格言等。体验运动过程,了解多种动作名称和术语。提高基本的身体活动能力。初步掌握如球类、操舞等活动的基本方法。形成自我保护和相互保护的意识,具有一定主动规避运动伤害和对抗自然灾害等突发事件的能力。	初步了解一系列疾病的危害和预防知识。改善并保持良好的体形、视力。通过多种练习发展身体的柔韧性、灵敏性和力量。了解体能的构成。增强适应气候变化的能力。	坚持完成有一定困难的体育运动并保持高昂的情绪。初步了解体育道德,注意规范自己的体育行为。能主动与同伴交流与合作。

(续表)

目标领域　　学段	运动能力	健康行为	体育品德
水平三 (5—6年级)	能在学习疲倦时主动运用体育活动进行积极的调整。体验小篮球、小足球等比赛,感受体育活动和比赛带来的乐趣与成功。提升对运动知识的了解,如奥运会赛事、规格等,并能说出多种运动项目的名称及其健身价值。初步掌握简单的科学锻炼方法,形成具有自主学习、合作学习和探究学习的能力。自主完成有一定难度的基本身体、球类、操舞类运动项目的技术动作组合。了解一些运动损伤及常见意外伤害的简易处理,并能清楚说出简易的处理方法。	知道运动系统的基本构成。对一些疾病有基本的预防知识和方法,如:贫血对健康的危害及其预防、视力保护、吸烟和被动吸烟等。了解容易引起食物中毒的常见食品,形成预防食物中毒的基本意识。学习青春期的生长发育特点及保健常识;通过多种途径的科学性练习与合理运动保持良好的身体姿态。	在较难的体育活动中,能够克服运动"极点"的反应,坚持完成任务。能与不同运动能力的同学一起参与活动。了解自己适合的运动项目,不因个体差异感到骄傲或自卑。能在体育活动中表现出自我激励,能积极通过自制能力来控制不良情绪,乐意融入团队并完成活动中的任务。具有良好的体育道德,胜不骄,败不馁,正确对待体育活动中的差异性。

学科课程框架　描绘体育课程的灵动图景

"FUN 体育"课程面向全体学生,将学生放在体育课程开发的中央,尊重学生的个体差异,满足学生的学习需求,为其体育素养的形成提供全面、丰富的课程滋养。

一、学科课程结构

《义务教育体育与健康课程标准(2011 年版)》将体育学科的教学内容分为运动参与、运动技能、身体健康、心理健康与社会适应四个方面。基于此,"FUN 体育"课程以部编版小学《体育与健康》课本资源为基础,以发展学生运动能力、健康行为、体育品德为目标,围绕"力之能""力之健""力之乐""力之美"四大类别建构体育学科课程,具体课程结构如图 3-1 所示。

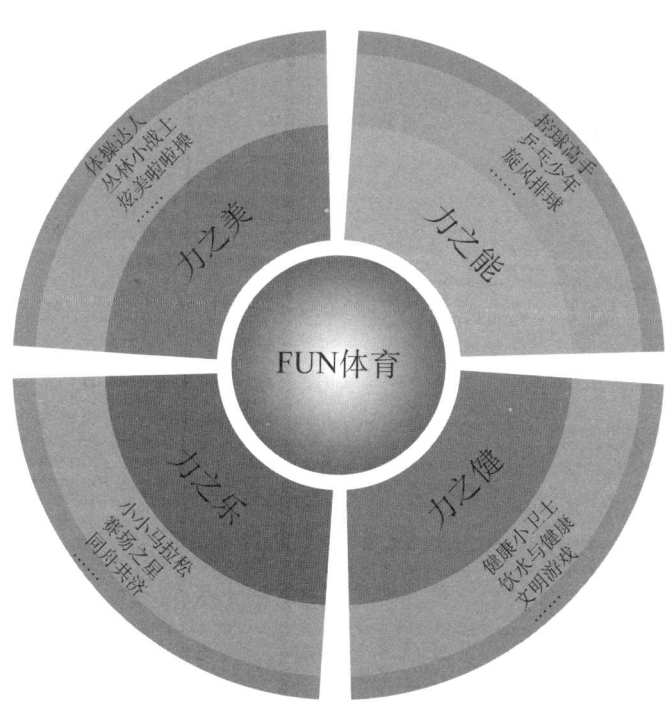

图 3-1　金水区纬五路第二小学"FUN 体育"课程结构图

"力之能"课程指向技能的学习和体能的发展。它体现了"FUN 体育"课程以身体练习为主要手段的基本特征,是发展学生基本运动能力的主要途径。

"力之健"课程指向身体健康。它体现了"FUN 体育"课程注重学生对健康知识学习的学科特征。"力之健"课程重视培养学生对健康知识的掌握,助其形成关注自身健康的意识和行为。

"力之乐"课程指向心理健康与社会适应。它是"FUN 体育"课程功能和价值的重要体现。"力之乐"课程重点培养学生良好的体育品德和不怕困难、坦然面对挫折的意志品质,引导学生在体育活动中学会与他人交往。

"力之美"课程主要培养学生正确的体形和身体姿态,让学生感受运动带来的形体之美、灵巧之美、力量之美等体育运动中美的元素。

总之,"FUN 体育"课程既涵盖了体育与健康课程的四个学习方面,又结合了我校实际,以完善的体育课程架构践行学科课程理念,全面发展学生的体育素养。

二、学科课程设置

依据上述课程四大类别,除基础课程外,我校"FUN 体育"课程具体设置见表 3-2。

表 3-2　金水区纬五路第二小学"FUN 体育"课程设置表

年级	课程类别	课程名称	课程内容	课程资源	课程目标
一年级(上)	力之能	我爱篮球	篮球基本技能训练	篮球场、小篮球、自制篮筐等	认识篮球,喜欢篮球
		乒乓少年	学习乒乓球的基本动作要领	乒羽中心、外聘教练	认识乒乓球,掌握基本的动作,对乒乓球感兴趣
	力之健	健康小卫士	了解运动前的热身防护措施	家长课堂	掌握体育运动的安全防护措施
	力之乐	同心协力	30 米接力赛	接力棒、操场	培养合作意识和规则意识
	力之美	丛林小战士	队列队形创意练习	多媒体课件、操场	掌握站立、行走和队列跑步的正确姿势
一年级(下)	力之能	拍球达人	原地多种姿势拍球	篮球场、小篮球、自制道具等	掌握小篮球的拍球技能,体验运动的乐趣
		乒乓少年	学习乒乓球的基本动作要领	乒羽中心、外聘教练	进一步了解乒乓球,掌握基本的运动技巧,保持兴趣

第三章 生命愉悦：品味跃动的童年

(续表)

年级	课程类别	课程名称	课程内容	课程资源	课程目标
	力之健	健康小卫士	了解体育锻炼对身体机能发展的作用	家长课堂	养成良好的体育锻炼习惯
	力之乐	同心协力	老鹰捉小鸡	自制道具、操场	能表达出参与游戏后的情绪变化，在游戏中加强与同伴间的协作和交流
	力之美	炫美啦啦操	啦啦操基本手位	啦啦操视频、训练场、多功能音响等	培养乐感与节奏感，增强身体的协调能力
二年级（上）	力之能	控球高手	篮球球性练习、运球	篮球场、小篮球、自编游戏等	喜欢篮球运动，能够熟练运球
		乒乓少年	学习乒乓球的基本动作要领	乒羽中心、外聘教练	掌握基本的步法、手法
	力之健	文明游戏	学习课间安全游戏相关常识	家长课堂	培养安全游戏的意识，做到不玩危险的游戏
	力之乐	绳彩飞扬	跳小绳	小绳、秒表、篮球场	掌握跳绳技巧，坚持练习
	力之美	炫美啦啦操	学习啦啦操的基本动作	啦啦操视频、训练场、多功能音响等	培养身体的协调性、灵活性
二年级（下）	力之能	指上篮球	运球练习、双手交叉运球	篮球场、小篮球、运球辅助器材等	提高运球的熟练程度
		乒乓少年	学习乒乓球的基本动作要领	乒羽中心、多媒体课件等	进一步掌握基本的步法、手法
	力之健	饮水与健康	了解身体结构的水分含量、饮水对人体机能平衡的作用	家长课堂、社区资源	掌握卫生饮水的基本常识，养成健康、科学的饮水习惯
	力之乐	绳彩飞扬	跳大绳	大绳、秒表、操场	掌握跳大绳的技巧
	力之美	炫美啦啦操	学习啦啦操的基本动作	啦啦操视频、训练场、多功能音响等	训练身体的协调性、灵活性
三年级（上）	力之能	旋风排球	学习排球正面双手垫球	排球场、练习辅助器材等	掌握排球双手正面垫球的基本技术动作
		控球高手	球性练习、1分钟原地拍球	小篮球、家庭作业	掌握控球的技巧，乐于展示
	力之健	健康小卫士	个人保健知识与方法	家长课堂、社区医院	了解近视眼预防、食品安全等有关知识
	力之乐	多足竞走	两人三足	皮筋、秒表	能够在游戏中保持积极稳定的情绪，主动和同伴交流和合作

(续表)

年级	课程类别	课程名称	课程内容	课程资源	课程目标
三年级(下)	力之美	阅兵小战士	基本队列队形练习	多媒体课件、操场等	掌握原地踏步变齐步走的要领,会简单的队形变换
	力之能	运"球"帷幄	篮球球性练习、行进间运球练习	篮球场、小篮球、练习辅助器材等	掌握行进间运球的技能,乐于参与篮球运动
		旋风排球	学习排球的移动中双手垫球	排球场、练习辅助器材等	掌握移动中排球双手正面垫球的基本动作
	力之健	健康小卫士	学习疾病预防知识	家长课堂、社区医院	初步了解一些疾病的危害和预防知识
	力之乐	多足竞走	五人六足	皮筋、秒表	能够完成有一定困难的体育游戏,并在游戏中乐于合作和交流
	力之美	炫美啦啦操	啦啦操32手位	啦啦操视频、训练场、多功能音响等	掌握啦啦操的基础性动作
四年级(上)	力之能	运球小达人	小篮球各种方式的原地运球	篮球场、练习辅助器材、游戏比赛等	掌握左右手运球的技巧
		旋风排球	学习排球的发球技术	排球场、练习辅助器材等	掌握排球侧身发球的基本技术动作
	力之健	健康小卫士	运动前后的饮食卫生	家长课堂、社区医院	初步养成良好的体育卫生习惯
	力之乐	同舟共济	撒网捕鱼	秒表、篮球场	在游戏中能够规范自己的体育行为,了解团队合作的重要性并遵守游戏规则
	力之美	炫美啦啦操	花球啦啦操	训练场、多功能音响、表演或比赛等	掌握规范的啦啦操手位动作
四年级(下)	力之能	我是运球王	小篮球行进间曲线运球	篮球场、练习辅助器材、游戏比赛等	发展手脚配合的协调能力
		旋风排球	一抛一接式双手垫球技术学习	排球场、练习辅助器材等	掌握排球一抛一接的基本技术动作
	力之健	健康小卫士	运动损伤处理	家长课堂、社区医院	了解运动损伤处理的基本方法
	力之乐	同舟共济	踩垫子跑接力	12块小垫子、秒表	积极参与游戏,会与人合作,正确对待比赛的胜负
	力之美	炫美啦啦操	花球啦啦操	训练场、多功能音响、表演或比赛等	掌握规范的啦啦操脚位动作

(续表)

年级	课程类别	课程名称	课程内容	课程资源	课程目标
五年级（上）	力之能	篮球小明星	篮球双手胸前传接球	篮球场、多媒体课件、练习辅助器材等	发展上下肢力量、协调能力，知道翻腕的重要性
	力之能	旋风排球	接发球技术学习	排球场、多媒体课件、练习辅助器材等	掌握排球接发球的基本技术动作
	力之健	健康小卫士	人体运动系统	家长课堂、社区医院	知道运动系统的基本构成
	力之乐	赛场之星	篮球赛	口哨、记分牌、对抗服、篮球场	在比赛中控制情绪，做到遵守规则、尊重对手
	力之美	炫美啦啦操	花球啦啦操	训练场、多功能音响、表演或比赛等	发展协调性、柔韧性与有氧耐力
五年级（下）	力之能	篮球小明星	篮球行进间曲线运球	篮球场、多媒体课件、练习辅助器材等	发展上下肢力量和协调能力
	力之能	旋风排球	排球传球技术学习	排球场、多媒体课件、练习辅助器材等	掌握排球传球的基本技术动作
	力之健	健康小卫士	卫生防病的知识和方法	家长课堂、社区医院	了解一些疾病的基本知识和预防方法
	力之乐	赛场之星	篮球赛	口哨、记分牌、对抗服、篮球场	学会团队合作，加强同伴之间的沟通交流，遵守比赛规则
	力之美	炫美啦啦操	花球啦啦操	训练场、多功能音响、表演或比赛等	锻炼身体姿态，提高身体协调能力
六年级（上）	力之能	百发百中	双手胸前投篮	篮球场、不同高度球筐、练习辅助器材、游戏比赛等	掌握双手胸前投篮的技巧
	力之能	旋风排球	基本战术学习	排球场、多媒体视频、游戏比赛等	了解排球的基本战术
	力之健	健康小卫士	了解青春期的生长发育	家长课堂、社区医院	认识青春期的身体变化，正确应对青春期
	力之乐	小小马拉松	耐久跑	秒表、田径场	正确认识自己的身体，克服运动中的"极点"反应
	力之美	体操达人	体操动作组合	练习组合器材、场地、保护垫等	掌握简单的体操技术组合动作

(续表)

年级	课程类别	课程名称	课程内容	课程资源	课程目标
六年级（下）	力之能	篮球小明星	三步上篮	篮球场、练习辅助器材、游戏比赛等	提高手对球的控制能力，提高协调性
		旋风排球	基本战术配合运用	排球场、练习辅助器材、游戏比赛等	掌握排球传球的基本技术动作
	力之健	健康小卫士	学习运动损伤处理	家长课堂、社区医院	学会预防运动腹痛，并掌握处理方法
	力之乐	小小马拉松	障碍跑	秒表、自制道具、田径场	加强团队活动中的合作意识，并能有效控制自身情绪
	力之美	体操达人	体操动作组合	练习组合器材、场地、保护垫等	初步掌握有一定难度的队形变换，掌握队列动作要领

学科课程实施　让体育学习好玩起来

"FUN体育"课程将学生放在课程的中央,基于学生的学习需求,围绕"玩转精彩童年"的课程理念,激发学生的运动兴趣,培养其终身体育锻炼的习惯,力争让每一位学生都能在课程学习中得到健康的滋养。"FUN体育"课程主要从构建"FUN课堂"、开发"FUN社团"、创设"FUN节日"、开展"FUN赛事"、打造"FUN课间"五个途径全面落实。

一、构建"FUN课堂",有效实施体育课程

在"玩转精彩童年"的"FUN体育"课程理念引领下,体育教研组丰富体育学科"FUN课堂"的内涵,稳步提升课堂教学质量。

(一)"FUN课堂"的操作

在"FUN体育"课程理念的引领下,教研组深入开展创新教学方式和学习方式的研讨与实践,以教科研为先导,以课例为载体,通过课程纲要编制、课堂观察诊断、课型研讨、观评课教研等活动,从活动设计的趣味性、学习过程的自主性、技能习得的有效性三个方面,提炼总结"FUN课堂"的三项基本原则。

(1) 活动设计好玩有趣。课程资源的选择要契合学生好玩、好动的天性,要结合学习内容的需要,激发学生的运动兴趣,引导其主动、积极地进行学科学习。

(2) 学习过程自由发展。学生能够根据自己的兴趣和能力自由选择学习内容和学习方式,发展运动技能。例如:在篮球原地单手运球的教学中,学生可以自己选择一些辅助器材,自由组合练习动作,同伴之间相互评价、纠正,给予学生充分的发展空间。

(3) 技能习得扎实有效。"FUN课堂"不仅追求学习氛围的愉悦自由,还注重学习成果的实效性,体现玩出技能、玩出兴趣、玩出品格的学科课程目标。通过丰富有趣的课程资源、合理适切的评价指导,提升课堂教学的实效性,帮助学生熟练掌握运动技能,形成积极的体育品德。

(二)"FUN课堂"的评价标准

依据"FUN课堂"的三项基本原则,学校设计了《金水区纬五路第二小学体育学科

"FUN课堂"评价量表》(见表3-3),从活动设计、学习过程、学习结果三个方面展开评价,加强教师对"FUN课堂"理念的理解与实践能力,促进学生"乐学"、教师"善教"。

表3-3 金水区纬五路第二小学体育学科"FUN课堂"评价量表

年级		班级		授课时间		授课地点		评价等级		
执教者				课题				A	B	C
评价维度			评价要素							
活动设计 好玩有趣	1. 课程资源丰富有趣。资源的选择与使用注重学生乐玩的天性,以学生学习的运动兴趣为中心进行整合与开发,充分满足学生的学习需求。 2. 学习目标多维适切。目标设定关注运动能力的培养、健康行为的运用、体育品德的培养三个方面。									
学习过程 自由发展	1. 学生精神饱满,兴趣浓厚,大胆自信,善于观察,乐于参与。 2. 教师适时、适度引导学生进行技能学习与训练。课堂评价多元,具有激励性和指导性。									
学习结果 扎实有效	1. 学生能够掌握课堂学习的技能,运动目标达成度好。 2. 学生能够形成有效的练习策略,养成良好的体育运动习惯。 3. 学生能够调控自我情绪,乐于与他人合作,在运动中能够顽强拼搏。									
总评										
建议										

二、开发"FUN社团",多维延展学习空间

"FUN体育"课程基于学生的学习需求,从一至六年级开发了丰富多彩的"FUN社团",拓宽学生体育学习的途径,为他们提供满足兴趣、发展特长的空间。

(一)"FUN社团"的实施

"FUN社团"主要从社团双向选择、学生自我管理、优化活动平台三个方面来实施。

在社团的组建上,我校主要依据教师的专业优势和学生的兴趣进行双向选择,目前设有"线筝篮球""旋风排球""活力乒乓""晨曦田径""lucky girl啦啦操"等多个体育社团。

在社团的管理上,主要实行学生自我管理和自我服务机制。每个社团设置团长1人、副团长2人,团长和副团长负责及时登记考勤、整理器材、布置场地、反馈训练情况等自我管理和服务工作。各社团指导教师依据学生的水平段和项目特点,科学制定社团计划,指导社团团员训练。

在社团活动平台的搭建上,主要以学校的"FUN 节日"和"FUN 赛事"为主渠道,优化整合各项体育活动,鼓励学生积极参与,树立良好的运动参与意识,发展体育素养。

(二)"FUN 社团"的评价标准

"FUN 社团"是满足学生个性化学习需要、发展体育兴趣特长的重要平台,也是教师实现专业成长的重要途径。为维持体育社团的良性发展,体育组制定了"FUN 社团"评价量表(见表 3-4)。

表 3-4 金水区纬五路第二小学体育学科"FUN 社团"评价量表

评价项目	评价标准	分值	得分
社团管理有方法	社团要有规范的名称、宗旨、口号、标志,制定章程并及时完善、严格执行。	5	
	社团内部有严密的机构设置,有团长、团员,社团学生人数应在 10 人以上(包括 10 人);各项事务分工合理。	5	
	社团活动场地及体育器材有严格使用制度且贯彻良好。	5	
	服从学校管理及领导,按时参加各项会议,及时递交各种材料。	5	
	社团内部及社团之间团结协作,友爱共处。	5	
社团活动有创意	活动有计划方案,有活动程序记载、活动总结等文字资料及图片存档。	5	
	活动有创意并能充分体现社团特色,积极向上,文明健康,符合小学生发展个人专长,拓展自身素质的需求,参与面广,影响范围大。	10	
	活动期间,组织纪律严谨,工作安排到位,整个活动井然有序。	10	
	活动结束后,认真搞好现场卫生,保持整个校园的整洁。	5	
展示宣传有影响	能积极参加并承担教育行政部门及学校组织的相关体育活动。	10	
	主动参与校内大型活动,能独立开展对外开放活动,且主题突出,特色鲜明,受师生们的欢迎,影响较大。	10	
	每次活动能利用海报或新闻媒体进行宣传报道,且有一定的影响。	5	
活动成果有成效	以社团名义参加校内、外大型赛事并获得名次。	20	

三、创设"FUN 节日",努力营建体育文化

富有仪式感的节庆文化活动是构建校园文化品牌的主要载体,是学生快乐成长、自由发展的重要平台。"FUN 节日"极大丰富了学生的体育学习生活,营造了浓厚的校园体育文化氛围。

（一）"FUN 节日"的实施

"FUN 节日"的实施秉承"重在参与、展示个性"的原则，通过拓宽活动内容与形式，融竞技体育、健身体育、娱乐体育为一体，充分体现全员性、趣味性、展示性、娱乐性等特点，努力让每一位学生都受益。具体活动安排见表3-5。

表3-5 金水区纬五路第二小学"FUN 节日"活动一览表

活动时间	活动主题	活动内容及形式	活动目标
每年五月	趣味运动节	以集体项目为主，融合田径、体操、球类等运动项目，以年级为单位进行比赛。	培养学生积极进取，勇敢顽强的意志品质，加强学生集体主义观念，为每位学生提供展示自我的平台。
每年九月	体测达标节	以《国家学生体制健康标准》为基础，组织全体学生对身高、体重、肺活量、爆发力、耐力、柔韧性进行全面的监测，并将成绩反馈给学生和家长。	让学生及家长都能直观地看到学生的体育健康状况，给教师的课堂教学提供数据支持，促进学生体质健康水平的提升。

（二）"FUN 节日"的评价标准

"FUN 节日"是校园体育文化建设的重要载体，为了达成体育节活动组织的目标，我们主要从活动方案的实效性、活动参与的全员性、活动过程的主体性、活动项目的丰富性四个方面进行评价，具体评价标准如下：

一是活动方案的实效性。方案设计要基于学生体育素养的目标要求，在确保安全的基础上，与学生已有的体育经验和生活经验相联系，关注学生在体育技能、行为习惯、体育品德上的全面发展。

二是活动参与的全员性。活动组织注重面向全体学生、家长，确保每一位学生都能得到公平公正的展示机会。例如通过审核报名表信息，考核学生报名有无遗漏；通过个别访谈、项目试测，检测班主任有无进行赛前宣传及规则解读；通过家长参与度评价班级或年级家校体育氛围的营造。

三是活动过程的主体性。一是评价体育节活动项目的设计、奖项设置中学生的主体参与度，如是否面向学生征集活动内容建议，活动项目的设计是否与学生体能发展匹配；二是评价活动过程中学生的主体参与度，如学生参与裁判、宣传、场地布置等方面的自我管理与服务质量成效。

四是活动项目的丰富性。活动项目的设置要结合师资、场地及不同水平段学生的体能实际,同时要兼顾学校特色项目,既要有展示学生体育技能的个人项目,也要有凸显团队协作的集体项目。

四、开展"FUN 赛事",大力彰显体育魅力

体育竞技比赛是评价学生体育运动技能习得成效及学校体育课程品质的有力抓手,它能够增强学生自信,培养其集体荣誉感,满足学生个性化发展的需求。体育教研组依据学校体育特色的发展需要,积极组织学生参与各级别比赛,努力搭建赛事平台,帮助学生发展体育特长、获得学习的成就感,进而享受体育竞技的魅力,为其终身发展提供多种可能性。具体活动安排见表 3-6。

表 3-6　金水区纬五路第二小学"FUN 赛事"活动安排表

比赛时间	比赛内容	比赛级别
十月	校园班级篮球联赛暨家长联赛	校级
五月	金水区青少年啦啦操比赛	区级
十月到次年五月的每周五下午	金水区青少年篮球联赛	区级
十月	金水区田径运动会	区级
十一月	金水区排球联赛	区级
十二月	郑州市青少年乒乓球比赛	市级
十二月	"晨光杯"小学组篮球联赛	市级
十一月每周六、周日	全国青少年"NYBO"小学生篮球联赛	国家级

(一)"FUN 赛事"的实施

"FUN 赛事"的实施主要从设计赛事方案、组织竞技比赛、提炼赛事经验、加强赛事宣传四个方面推进,确保赛事开展有序、公平。

一是设计赛事方案。比赛前,充分考虑人员选拔、场地选择、战术安排、学生安全等比赛的各个环节,确保赛前预案详尽周密,选拔方案公平合理,训练时间张弛有度,训练方法得当适宜。

二是组织竞技比赛。比赛过程中,相关教师要明确职责,加强沟通,及时公布赛事情况,营造良好的竞技氛围,确保赛事进展公平有序,竞技水平得到充分展现,团队合作精神得以充分彰显。

三是提炼赛事经验。比赛结束后,体育组要及时进行总结,积极总结赛事经验,准确定位发展方向,检验体育课程实施是否有成效。

四是加强赛事宣传。利用校园网、学校微信公众号、局域网等信息媒介及时宣传赛事结果及赛程中的趣闻轶事,充分发挥榜样引领作用,引领学生遵守体育道德规范,培养学生公平竞争的精神,增强学生的集体荣誉感,弘扬体育精神。

(二)"FUN 赛事"的评价

为了提高"FUN 赛事"活动实施的质量,实现以赛促学、以学促技能提升的活动目的,我校主要从赛事基础条件、赛事组织实施、赛事成效三个方面进行量化评价,具体评价标准见表 3-7。

表 3-7 金水区纬五路第二小学"FUN 赛事"评价量表

体育赛事名称		体育赛事类别	
赛事地点		赛事时间	
评价项目	评价要素		得分
赛事基础条件(35分)	1. 赛事经费预算合理、经费来源稳定、经费充足。(12分) 2. 比赛场馆体育器材标准、设施安全、有专人负责。(10分) 3. 组织管理人员、裁判员及时到位。(7分) 4. 医务、水电、安全保卫等后勤保障工作到位。(6分)		
赛事组织实施(30分)	1. 赛前筹备工作合理有序。赛事组织运作机构组建合理,赛事方案制定合理,购买赛事保险,竞赛规程制定、场地布置合理,竞赛秩序安排及秩序册编写合理,宣传到位。(12分) 2. 赛事举办合理有序。教练员、领队、裁判员会议、开闭幕式、检录、成绩统计与公告情况好、风险防范工作好。(12分) 3. 赛事收尾工作齐备。对赛事进行评估总结、表彰及相关文件归档。(6分)		
赛事成效(35分)	1. 对学校及师生产生有益影响,提升学校知名度。师生参与度高,培养团队精神,增强师生体育健身意识,增强学生体能。(10分) 2. 促进学校体育工作。有益于代表队运动员选拔,检验运动员竞技水平,促进体育课程教学及课外体育活动工作。(15分) 3. 促进校园体育文化建设。推广体育赛事理念,培养师生体育精神,遵守体育道德规范,培养公平竞争精神。(10分)		
得分总计			
存在的主要问题			

五、打造"FUN 课间",发展体育特色品牌

基于学校体育特色品牌项目,"FUN 体育"课程积极整合课程资源,推进篮球大课

间和艺术大课间的课程实施,落实每天一小时体育锻炼,让每一位学生在"FUN 课间"获得快乐运动的体验,养成坚持锻炼的习惯。

(一)"FUN 课间"的实施

体育教研组根据学生不同水平段的特点和学校体育特色项目设置"FUN 课间"的活动内容,每学期召开专项研讨会,对活动内容进行动态监控,不断进行完善。篮球"FUN 课间"的内容根据学生水平段的不同进行分层设计,主要是球性和篮球技能的练习。艺术"FUN 课间"的内容有创意自编操、兔子舞、校园集体舞、瑜伽放松等,旨在提高学生的身体柔韧性及协调性。

"FUN 课间"建立职责分明的管理机构网,从校长、中层领导、体育教师及班主任四个层面落实管理,其中校长总体负责,各中层领导分管各年级,体育教师指导任教年级,班主任负责本班。

"FUN 课间"具体实施时间为周二至周五上午的 9:40—10:10,周二至周五下午的 3:50—4:20(冬季时间为下午 3:15—3:45)。

(二)"FUN 课间"的评价

"FUN 课间"的评价主要从内容设计的适切性、实施过程的有效性两个方面进行。

"FUN 课间"内容的评价通过教师自评、学生反馈、课程中心评价三者结合,检验"FUN 课间"课程内容是否符合学生的发展规律,是否满足学生体育素养发展的需求,是否符合学校的特色发展。

"FUN 课间"实施过程的评价从参与人数、精神风貌、运动装备、平均心率、动作质量五个方面进行评价。每周由负责各年级的中层领导、值周生进行常规量化检查,评选出大课间优胜班级,利用升旗仪式颁发奖状,对优胜班级进行奖励,并纳入每学期文明班级的评选。

综上所述,"FUN 体育"课程以促进学生健康成长为课程建设的核心目标,立足学生爱玩、好动的天性,努力打造好玩有趣、自主灵动的课堂,通过丰富的课程资源、活跃的课程路径,引领每一位学生在"FUN 体育"课程中快乐习得技能,自由发展品格,收获健康生活。

(撰稿人:路鹏　樊怡丽　单华瑞　张辰　门笑)

第四章

生命滋养：浸染体育的乐趣

给儿童生命最好的滋养，就是确认他的成长感受。乐趣是儿童生命力得到滋养的沃土，构筑和健全儿童的学习兴趣至关重要。构建儿童喜欢的课程，引导儿童积极探究各项活动，以有乐趣的、贴近儿童生活的课程为载体，以注重培养儿童良好的习惯为导向，促进儿童健康快乐地成长，让儿童享受体育带来的乐趣。

郑州市金水区黄河路第二小学体育组,现有教师9人,其中,中小学一级教师4人,中小学二级教师2人。体育学科教研组多次完成市级、区级教育科研课题,指导的体育社团在国家、省、市、区级各类比赛中取得了优异的成绩,被评为金水区优秀教研组。作为河南省传统项目学校、全国校园篮球特色学校,篮球已经成为我校的一张名片,篮球教育在"一校一品"工作中成绩显著。

学科课程哲学　让每个孩子享受体育的乐趣

《义务教育体育与健康课程标准(2011年版)》指出:"义务教育体育与健康课程遵照'健康第一'的指导思想,……是学校课程的重要组成部分。本课程是以身体练习为主要手段,以学习体育与健康知识、技能和方法为主要内容,以增进学生健康,培养学生终身体育意识和能力为主要目标的课程。"[①]

一、学科性质观

我们认为,体育课程应创设轻松愉快的学习氛围,让学生体验体育学习的乐趣,掌握必要的体育知识、技能和方法,发展心理健康与社会适应能力,养成体育锻炼的习惯和健康的生活方式,具备坚强的意志品质、合作精神和交往能力,为终身体育学习和健康生活奠定良好的基础。

二、学科理念

根据体育学科性质观和《义务教育体育与健康课程标准(2011年版)》,我们提出学校体育学科的核心概念为"乐享体育",学科课程理念为"让每个孩子享受体育的乐趣"。

"乐享体育"是以儿童为中心的体育。每个孩子都是独特和唯一的,"乐享体育"的价值就是释放孩子们的天性,让孩子们在自由的空间中经历身体与心理变化的历程。孩子们在"乐享体育"课程中探索体育的乐趣,将其与自己的学习和生活经验相联结。

---

① 中华人民共和国教育部. 义务教育体育与健康课程标准(2011年版)[S]. 北京:北京师范大学出版社,2011:1+2.

儿童天生爱动,"乐享体育"课程帮助他们在体育活动中产生持续、稳定的态度体验,调动内在的学习驱动力,发展运动能力。

"乐享体育"是"乐于学习"的体育。每个孩子以饱满的热情参与体育运动。在"乐享体育"的课堂上,孩子们乐于思考,敢于尝试,塑造自信;在"乐享体育"的学科活动中,他们乐于参与,积极合作,收获能力。在"我运动,我快乐"的氛围中,孩子们学会自主管理,提高体育与健康的实践能力。

"乐享体育"是"乐于训练"的体育。"乐享体育"课程提供丰富多彩的体育游戏、体育赛事、体育社团等资源供孩子们选择,孩子们在学习过程中自主选择一至两种体育项目作为兴趣爱好,并通过不断参与适宜负荷的身体练习,逐渐养成稳定的体育运动习惯,提高体能和运动技能水平,养成健康良好的行为。

"乐享体育"是"享受健康"的体育。孩子们在体育运动中收获技能,磨炼意志,成长为阳光少年;教师们以爱施教,循循善诱,做快乐教师。师生共同拥有健康的身体和生活方式,享受幸福人生。

学科课程目标　乐参与，乐锻炼，享受健康

《义务教育体育与健康课程标准(2011年版)》明确了体育学科在促进学生德、智、体、美全面发展方面的重要意义。通过体育课程的学习，学生掌握体育与健康的基础知识、技能与方法，增强体能，发展实践和创新能力，养成体育锻炼的习惯，形成健康的生活方式和积极进取、乐观开朗的人生态度。

一、学科课程总目标

依据《义务教育体育与健康课程标准(2011年版)》，结合"让每个孩子享受体育的乐趣"的学科课程理念，我们将"乐享体育"课程总目标具体分为以下四个目标：运动参与目标，运动技能目标，身体健康目标，心理健康与社会适应目标。具体表述如下：

(一) 运动参与目标

"乐享体育"在运动参与这一维度的目标上突出"乐学"。课程力求学生喜欢上体育课，乐于参与课内、外体育活动、体育游戏和体育赛事，愿意把体育活动当作自己调整情绪、调节疲劳的工具。

(二) 运动技能目标

"乐享体育"在运动技能这一维度的目标上突出"乐练"。学生在"乐享课堂"中学习基本的身体活动方法，知道所学运动项目和体育游戏的名称或动作术语，并在"乐享体育"多元的学习途径中，积极参与练习，科学锻炼，从而掌握具有一定难度的运动项目的技术动作组合，增强安全意识和防范能力。

(三) 身体健康目标

"乐享体育"倡导"享受健康"的体育，即通过课程的学习，学生能掌握基本的保健知识和方法，塑造良好的体型和身体姿态，发展体能和健身能力，学会自我管理身体的方法，享受健康的生活方式，为自己的全面发展奠定基础。

(四) 心理健康与社会适应目标

"乐享体育"倡导不仅要拥有健康的身体，还要拥有健康的人格。学生在"乐享体育"课程的学习中，增强自信心，锤炼坚强的意志品质，在体育运动中学会调控情绪，掌握与人交往的方法，提高合作意识与能力，培养顽强拼搏的体育精神，强化健康良好行

为的养成。

二、学科课程年级目标

依据《义务教育体育与健康课程标准(2011年版)》和学校"乐享体育"的学科课程理念,我们将课程总目标细化为各年级具体目标,详情见表4-1。

表4-1 金水区黄河路第二小学"乐享体育"课程年级目标

年级	目　　标
一年级	1. 喜欢上体育课,乐于参与体育活动。 2. 通过学习基本的身体活动和体育游戏,学会遵守游戏规则,初步发展柔韧性素质、灵敏性素质和平衡能力,掌握正确的坐、立、行方法,培养良好的身体姿态。 3. 对篮球产生兴趣,掌握简单的抛、接球方法。 4. 在体育活动中,学会爱护和帮助同学,乐于与同学合作。
二年级	1. 能上好体育课,喜欢篮球大课间,并积极参加课内、外体育活动。 2. 通过劈叉、仰卧推起成桥、坐位体前屈等动作的学习,进一步发展身体的柔韧性,训练身体的灵动性和韵律感,发展柔韧性和灵敏性等身体素质。学会一至两套简单的韵律体操。 3. 掌握原地运球的基本技能和方法,提高球性。 4. 体验体育活动对情绪产生的积极影响,学会与同学友好相处,从合作中找到乐趣。
三年级	1. 乐于参加新的体育活动、体育游戏和比赛。 2. 在课程学习中提高灵敏性、速度等身体素质,提高快速起动和奔跑的能力,发展体能。掌握啦啦操的基本手型和简单步伐。 3. 初步掌握行进间单手运球的技能。 4. 坚持完成有一定困难的体育活动,在体育活动中学会调节自己的情绪,体会自主管理的乐趣,乐于与同学相互合作完成体育锻炼。
四年级	1. 积极参加多种体育活动和比赛。 2. 通过多种练习发展柔韧性、灵敏性、速度和耐力等身体素质。掌握武术的基本手型、步型,学会一套武术组合动作。 3. 初步掌握原地双手传接球、行进间提前变向运球的技术。 4. 在体育活动和比赛中体会团队的力量,并愿意刻苦训练,通过自己的努力为集体争得荣誉。
五年级	1. 学会通过体育活动进行积极性休息,知道劳逸结合的方法。 2. 在课程提供的各项运动、活动中,提高灵敏性、力量、速度和心肺耐力等身体素质。 3. 掌握短时间快速跳、单人花样跳绳和双人跳单绳等跳绳技能。 4. 在体育活动中学会相互尊重,具备良好的体育道德风尚。
六年级	1. 感受多种体育活动和体育比赛的乐趣,有固定的一至两项体育运动爱好,并养成经常锻炼的运动习惯。 2. 在课程的学习中提高灵敏性、力量、速度和耐力等身体素质,全面发展体能和身体素质。掌握毽球的基本功和简单的进攻动作。 3. 初步掌握单手肩上投篮、行进间高手上篮等技能。 4. 在团队体育活动中能较好地履行自己的职责,在体育赛事中享受运动带来的成就感,锤炼坚强的意志品格。

学科课程框架 "四乐"架构乐享课程体系

依据《义务教育体育与健康课程标准(2011年版)》,我校体育学科设置了"乐享体育"系列课程。"乐享体育"课程面向全体学生,根据学生的个体差异,增加灵活丰富的教学内容以满足不同层次学生的学习需求,帮助学生形成初步的健康意识和健身兴趣,同时培养学生的创新精神和实践能力。

一、学科课程结构

依据《义务教育体育与健康课程标准(2011年版)》及"乐享体育"课程理念与学科目标,结合学校体育特色项目,学校从"乐参与、乐技能、乐健康、乐品质"四大版块架构"乐享体育"课程体系,详见图4-1。

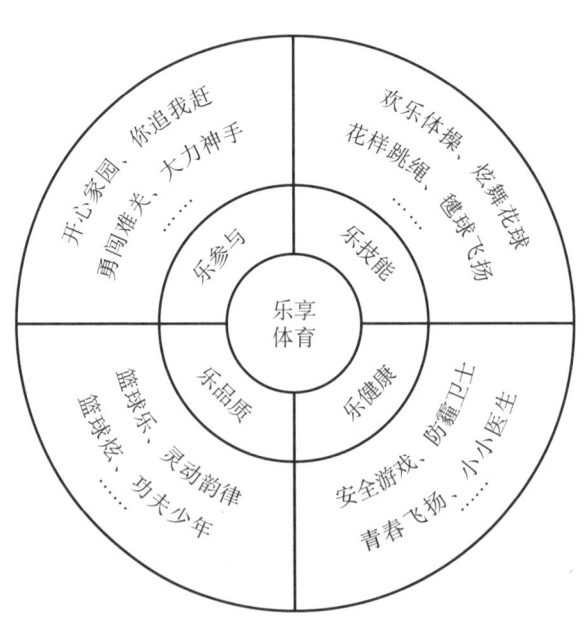

图4-1 金水区黄河路第二小学"乐享体育"课程体系结构图

具体表述如下:

1."乐参与"课程

力求使学生积极参加各类体育游戏活动和比赛。通过趣味游戏来提高学生的学习积极性,在游戏中发展其身体基本的活动能力,培养学生奋勇争先、团结协作的体育精神。

2."乐技能"课程

从"快乐篮球"和"缤纷课堂"中选择教学内容,通过学练,使学生能够正确掌握具有一定难度的运动项目和技术动作,养成科学锻炼的习惯和方法,培养学生的运动兴趣。

3."乐健康"课程

根据小学生身心发展的特点,有针对性地教授体育与健康知识,使学生掌握基本的保健知识和方法,提高安全意识,培养其健康生活的习惯。

4."乐品质"课程

从"快乐篮球"和"缤纷课堂"中有针对性地选择教学内容,通过学习和比赛来增强学生的心理健康与社会适应性,使学生学会自我调控情绪,形成合作意识与能力,培养坚强的意志和品质。

"快乐篮球""趣味游戏""缤纷课堂""体育与健康知识"是"乐参与、乐技能、乐健康、乐品质"四大版块的内容基础。这些教学内容的开展和实施,既有侧重点,又互相融合、互为补充,渗透在整个体育教学活动中,共同实现"乐享体育"课程理念与学科目标。

二、学科课程设置

学校依据《义务教育体育与健康课程标准(2011年版)》和学科课程理念对"乐享体育"课程进行了体系建构,除基础课程外,我们根据年级及学期设置了具体课程,见表4-2。

表4-2 金水区黄河路第二小学"乐享体育"课程设置表

年级 \ 学期 \ 课程		乐参与	乐技能	乐健康	乐品质
一年级	上学期	开心家园	欢乐体操	饮食健康	篮球乐
	下学期	开心家园	欢乐体操	饮食健康	篮球乐

(续表)

年级 \ 学期 \ 课程		乐参与	乐技能	乐健康	乐品质
二年级	上学期	柔韧比拼	篮球缘	安全游戏	灵动韵律
	下学期	柔韧比拼	篮球缘	安全游戏	灵动韵律
三年级	上学期	你追我赶	炫舞花球	爱眼有方	篮球美
	下学期	你追我赶	炫舞花球	爱眼有方	篮球美
四年级	上学期	勇闯难关	篮球风	防霾卫士	功夫少年
	下学期	勇闯难关	篮球风	防霾卫士	功夫少年
五年级	上学期	大力神手	花样跳绳	青春飞扬	篮球炫
	下学期	大力神手	花样跳绳	青春飞扬	篮球炫
六年级	上学期	挑战自我	毽球飞扬	小小医生	篮球傲
	下学期	挑战自我	毽球飞扬	小小医生	篮球傲

学科课程实施　乐享运动共享健康快乐人生

"乐享体育"课程的实施,以学生为主体,基于学生的学习需求及现状,围绕"让每个孩子享受体育的乐趣"的课程理念,致力于营造轻松、快乐的课堂。我校通过构建"乐享体育"课程体系,开展多样的体育学科活动,提高学生体育学习的主动性;多维度的评价能帮助学生改进学习策略,提高自主学习能力,培养学生的体育学科素养。

一、构建"乐享课堂",有效实施体育课程

基于学校"绿色课堂"的意涵,在"让每个孩子享受体育的乐趣"的课程理念引领下,体育教研组不断丰富体育学科"乐享课堂"的内涵,稳步提升体育课堂质量。

(一) 体育学科"乐享课堂"的内涵

(1) 教学目标是解放的。目标的设定要以每个学生的正向变化为追求,以发展学生体育学习的正向体验为标准,关注体育学科本质,通过设计与学生现实生活密切相关的体育活动,为学生提供广阔的思维空间和自主发展的空间,满足不同学习水平的学生的学习需求。

(2) 教学内容是丰富的。教学内容依托人教版《体育与健康》教材和学校开发的拓展课程,内容的选择要从学生的视角出发,为教师、学生、家长多角度预备,体现层次感及多样性,让学生在课堂上体验体育的魅力,发展体育学习能力。

(3) 教学过程是立体的。教学过程充满活力,教师在课堂上为学生营造快乐有趣的课堂氛围,带动每个学生参与到课堂中,鼓励学生专注听、大胆练,全身心投入到学习活动中。

(4) 教学方法是灵动的。教师依据学生不同的兴趣和不同年龄段的特征,运用灵活多样的教学方式调动学生学习体育的积极性,尊重学生的表达,启发学生的思维,让学生在学习过程中获得经验,在参与中获得思考,在合作中学会团结,在锻炼中得到提高。

(5) 教学评价是缤纷的。教师能够面向全体学生,运用不同的评价方式关注不同层次的学生,侧重学生的学习体验及过程,从而体现评价主体的多元化。日常评价鼓励学生积极参与,检测其学习成效;阶段性评价帮助学生反思问题,发现不足,进而优化学生的学习方法;综合性评价促进学生全面发展,激发学生的学习动力。

(6)教学文化是绿色的。营造轻松、快乐的课堂氛围,开展丰富多彩的课堂活动,让学生乐于参与体育学习,使其身体和心灵都能在体育课堂上尽情舒展。每一位学生在学习过程中都有所收获,师生在教与学的过程中体会快乐、享受体育。

(二)"乐享课堂"的四大教学法

在学校"绿色课堂"的引领下,体育学科围绕"让每个孩子享受体育的乐趣"的课程理念,引领学生体验运动的快乐,养成爱运动的好习惯,发展体育学习的能力,提高体质健康水平。我们深入探索,不断实践,总结出"乐享体育"四大教学法,即"激趣游戏法、快乐分组法、启发教学法、乐享比赛法"。

1. 激趣游戏法

"乐享体育"认为,体育游戏是一种以身体练习为手段的身心锻炼活动,具有良好的强身健体的效果。小学生对游戏的兴趣浓厚,教师将体育课程内容编进游戏里,以游戏的方式开展学习、加强学生锻炼,既能活跃课堂气氛,提高学生的学习兴趣,又能培养学生自觉锻炼的习惯,收到良好的教学效果。

2. 快乐分组法

快乐分组法包括自然分组、同质分组、异质分组、伙伴型分组、兴趣型分组五种分组方法。

自然分组即根据体育课的固定队形或用简单的报数方法将全班同学分成若干个小组;同质分组即将体能和技能水平大致相同的学生分在同一个组进行练习或竞赛;异质分组即同一组内的学生体能和技能均存在差异,但各组之间的整体实力差不多;伙伴型分组即学生自由选择同伴进行练习或比赛;兴趣型分组即学生选择自己喜爱的项目进行结伴练习。

3. 启发教学法

在"乐享体育"的教学中,教师根据不同情况、不同契机和环境,适当地采用不同的启发式教学方法,引导学生发展自主学习能力。启发教学法包含动机启发、方法启发、提问启发、情境启发、比喻启发、信号启发。

动机启发,即教师抓住时机,根据学生的动机进行正确的启发和引导,变"要我学"为"我要学",变"学好"为"好学",真正使"乐享体育"的教学过程成为学生积极主动参与的过程,帮助他们形成稳定的体育爱好。方法启发,即重视学法指导,指导学生独立完成体育作业、复习技巧技能;针对不同的学习内容,为学生介绍一些具体有效的学习方法,启发学生及时总结学习经验,提高学习效率。提问启发,即"乐享体育"教学过程中的提问能够启发学生的积极思维,提高学习效果。教学中提出的问题要有意义,要对学生理解和掌握所学的知识技能有利。情境启发,即教师在实施"乐享体育"课程中,根据教材内容和学情,创编生动有趣的故事情节,将学习任务巧妙地设计到情境中。比喻启发,即将体育的技巧技能动作与学生的生活经验相结合,用打比方的方法,帮助学生理解动作要领。信号启发,即在学生身体运动的过程和练习中,教师采用有声信号、情态信号和其他物质信号给学生清晰特殊的刺激,借以引起学生的有意注意,专注动作的学习,增强自我体验。

4. 乐享比赛法

乐享比赛法可以有效改善学生上体育课的惰性心理和懈怠情绪,它以简单的比赛方法,提高学生对体育运动的兴趣,培养其勇敢顽强、超越自我的体育精神。教师可以在课堂中组织小型比赛,也可以组织全校参与的篮球比赛、毽球比赛等,在赛事中培养学生良好的体育品格。

(三)"乐享课堂"的评价标准

依据体育学科"乐享课堂"的内涵,我们设计了《金水区黄河路第二小学体育学科"乐享课堂"评价量表》(见表4-3),以量化的方式对课堂进行评价。听评课后,由听课教师填写评价量表交给执教教师,并作为教师成长足迹的重要组成部分,通过评价量化分数曲线图的绘制,记录教师课堂教学成长的过程。

表4-3 金水区黄河路第二小学体育学科"乐享课堂"评价量表

听课教师:

班级		科目		听课时间		
课题				主讲教师		
评价指标	优	良	合格	待合格	得分
	完全达到	基本达到	部分达到	少量达到或未达到	
解放10分	1.尊重学生主体地位。2.关注不同层次学生的学习需求。				
	10—9分	8—7分	6分	6分以下	

(续表)

班级		科目		听课时间	
课题				主讲教师	
丰富10分	1.创造性使用教材。2.内容设置体现层次感、多样化。				
	10—9分	8—7分	6分	6分以下	
立体20分	1.注重学科资源间的整合与开发。2.鼓励学生能主动将体育锻炼融入生活中,形成良好的健身习惯。				
	20—18分	17—14分	13—12分	12分以下	
灵动20分	1.注重情境创设,关注课堂生成。2.善于激励调控,使学生能够基于自己的体育学习水平有所收获。				
	20—18分	17—14分	13—12分	12分以下	
缤纷20分	1.教学方式多彩,能提高课堂效率。2.评价方式多元,促进学生发展。				
	20—18分	17—14分	13—12分	12分以下	
绿色20分	1.师生关系民主和谐。2.学生的体育技能得到提升。				
	20—18分	17—14分	13—12分	12分以下	
总评	总分:　　　　　等级: 优:100—90分　良:89—70分　合格:69—60分　待合格:60分以下				
亮点					
存在的问题					

二、开发"乐享体育"系列课程,积极推进体育特色课程建设

"乐享体育"坚持激励每个学生的持续学习,因而积极推进"乐享体育"课程群建设,采用多样的实施策略和多维的评价方式,为学生提供丰富的学习体验,进一步实现课程目标的达成。

(一)"乐享体育"课程群的实施

"乐享体育"课程群的特色课程有四大类,分别是:快乐篮球、趣味游戏、缤纷课堂、体育与健康基础知识。

1. 快乐篮球

每周每班一节篮球课,由专职篮球教师负责实施,让每一位学生都能接触篮球运动,体验篮球运动的乐趣,增强团队意识。有兴趣、有特长的学生可参加篮球社团,加强篮球技能的学习,参加各级各类篮球比赛。

2. 趣味游戏

教师在课堂中合理安排游戏时间,可采取"课课练"、课前热身、课后比拼等活动形式,让学生在每节体育课中体验体育游戏的快乐,从而锻炼身体素质。

3. 缤纷课堂

在体育课堂、每天一小时体育锻炼、社团等多个平台实施"缤纷课堂",满足学生的学习需求,提高学生对体育锻炼的兴趣,引导学生能够坚持学习一至两项体育项目,提高身体素质,磨炼意志。

4. 体育与健康基础知识

在体育课堂和体育活动中对学生进行保健卫生和安全的教育,培养学生的安全健康意识,使其做自己健康的主人。

(二)"乐享体育"课程群的评价

"乐享体育"特色课程的评价主要围绕课程准入资格、学科团队发展、学生学习发展来制定评价机制,体现"快乐多元"的评价意识。

学校课程研究中心制定了"乐享体育"课程群方案评价量表(见表4-4),分别从课程开发、课程目标、课程内容、课程评价、学生自评五个维度进行方案评价,每个维度都有具体的评估要求以及不同权重的评估分值。评价涉及教师自评、学生代表评价和课程研究中心评价三个层次。最后,学校根据分值给课程方案评出等级:90分以上为优秀课程,即可以实施;80—90分为合格课程,教师根据评估反馈再做修正;总评在80分以下的为待合格课程,如能根据情况做合理修正,经课程研究小组认可后可试行一期,否则重新开发。

表4-4 金水区黄河路第二小学"乐享体育"课程群方案评价量表

评价项目	评价要求	评价分数		
		分值	教师自评	课程研究中心评
课程开发 20%	与国家、地方课程密切联系	3		
	提高学生的学科素质	7		
	体现育人目标	5		
	培养学生的核心素养	5		

(续表)

评价项目	评价要求	评价分数		
		分值	教师自评	课程研究中心评
课程目标 20%	目标明确、清晰	7		
	体现"乐享体育"课程的基本理念和学科核心素养	6		
	贯彻因材施教的原则,发展学生的潜能	7		
课程内容 20%	组织得体、层次分明,教材框架清晰	7		
	科学性、启发性强,突出能力体现	6		
	观点新、教学思想含量高	7		
课程评价 20%	可操作性强,方法科学,具有激励性和制约作用	20		
学生自评 20%	对此课程感兴趣,能够满足自己的需要,愿意参与到课程中	20		
总评				

"乐享体育"紧密结合"让每个孩子享受体育的乐趣"的学科课程理念,依托学校《小绿叶课程手册》,注重学生学习的过程性评价和活动性评价。我们采用印章式评价、证书式评价、赛事式评价、档案式评价等多种评价方式,形成校本化、多样化、个性化、易操作的评价机制。评价过程中关注学生的参与度及体育学习过程中的收获,以学生已有的知识和能力、情感、态度为参照系数,关注他们的发展水平。

三、开发"乐享体育"社团,全面优化兴趣特长课程

"乐享体育"课程开设丰富多彩的体育社团,把学生对体育运动的兴趣发挥到最大,帮助学生掌握一至两项竞技体育项目。"乐享体育"社团有低、中、高年级的篮球社团、啦啦操社团、跳绳社团、毽球社团、"功夫少年"社团等。社团训练科学有序,训练的内容、形式、节奏的安排与游戏活动相结合,循序渐进地提高学校各训练队的整体素质和竞技水平。

对"乐享体育"社团的评价基本与"乐享体育"课程评价的理念相同,从三个维度进行评价,即审定社团开团资格、流动评委观摩团评价以及"小绿叶秀场"评价。

社团开团资格审定由课程研究中心负责组织,从社团实施方案的可行性评估、学生对社团的反馈两方面进行。

流动评委观摩团每周由三位教师和两位家长轮流组成,侧重于社团教学评估或是社团活动现场评估,根据评价量表给出分值,同时收集社团实施的亮点,并记录改进意见。学期末,向学生发放调查问卷,通过团员访谈、社团成果展示、档案查看等形式,结合流动评委观摩团的评价结果,各"乐享体育"社团参加学校"十大最佳社团"及"优秀社团辅导教师"的评比,评比结果计入教师的平时考核和绩效的发放。"乐享体育"社团评价量表见表4-5。

表4-5　金水区黄河路第二小学"乐享体育"社团评价量表

评价指标	评价标准	教师评 50%	家长评 50%	综合得分
组织机构（10分）	社团有规范、健全的组织机构,有活动场所。学生依据自身兴趣和特长,经过申请、审批等程序组建社团。社团至少有一名指导教师指导学生社团建设。			
管理机制（10分）	社团具有健全、完善的管理机制。有更多队员积极参与,建成社团梯队。社团课程规划科学、合理。			
团员管理（15分）	形成科学、有效的招收团员机制。团员入团前提交"进入社团申请书",退团时提交"退出社团申请书"。定期对团员能力进行多元化综合评定,并做好记录。			
社团活动（15分）	社团活动常态化、规范化,做到前有计划,中间有过程性资料,后有总结。活动内容符合学生身心发展的规律,活动形式丰富多样。每学期活动不少于15个课时,过程性资料翔实。			
实践交流（15分）	社团积极参加校内、外的交流展示,取得良好的教育效果,深受师生喜爱。每学年至少进行一次社区展示。			
教师发展（15分）	社团按规定自聘指导教师,社团指导教师能热心于学生社团发展,并定期、有效地指导学生社团开展活动。			
学生成长（20分）	学生通过主动参与社团课程,不断提高自主合作意识与自我教育的能力。竞技性社团积极参与各种专项赛事。			

四、实施体艺大课间,发展特色品牌

在学校推进"乐享体育"课程的进程中,我们始终坚持让每位学生都能享受到运动的快乐,大课间更为每位学生提供了尽情舒展、快乐运动的大平台。基于学校体育特色,我们将"篮球"和"韵律操"作为大课间活动实施的主要内容。在大课间活动中加强学生篮球技能的学习,同时还进行韵律节奏的训练。

(一) 大课间的实施内容

根据季节的变化,大课间分为春秋季和冬季。

大课间春秋季的内容包括"篮球大课间"和"沙锤韵律大课间"。

"篮球大课间"主要包括了热身、篮球技能、"O"形跑和瑜伽放松四大板块。篮球技能练习主要涵盖了运球、自抛自接、防守、滑步、投篮等篮球基础技能;"O"形跑可提高学生的运动强度,锻炼其心肺功能;瑜伽练习的设置使学生的身心得到放松,在运动结束时学生进行整理和恢复。

"沙锤韵律大课间"是体育结合音乐创编而成的大课间活动。主要包括沙锤韵律操和管弦乐节奏练习。学生用废弃的饮料瓶装入五谷杂粮,在欢快的音乐伴奏中,让瓶子唱起了"歌",跳起了"舞",凸显大课间活动的绿色与原生态。

大课间冬季的主要内容为长跑,但根据冬季雾霾天气较多的实际情况,我们还精心编排了室内操,内容包括泡泡操、篮球室内操、沙锤韵律操、手指操、排舞等。

(二) 大课间实施措施

1. 时间安排

周二至周五上午:9:40—10:10

周二至周五下午:3:50—4:20(冬季时间:3:15—3:45)

2. 组织保障

学校为保证大课间活动真正落到实处,成立大课间领导小组,由校长任组长。

3. 安全保障

学校按班划定活动区域,各班学生在指定活动范围内进行大课间活动,并有上下楼梯护导员做安全监控。活动均由正、副班主任进行现场指导,确保学生安全。

(三) 大课间的实施评价

学校建立多元评价体系,形成了"校长为组长、中层领导巡视、体育教师分年级管理、班主任主抓、学生干部监督"的管理机构网,有严格的管理,有明确的分工,分项目进行评价,切实促进大课间活动的可持续发展。具体评价内容如下:

(1) 每天大课间活动时,由值周生做好观察记录,从上下楼的速度与秩序、参加大课间活动的人数、活动情况、活动效果进行观察记录。

(2) 德育处对大课间进行每周评比,汇总至各班大课间评价表上,公布在校园公告栏中,并在周一升旗仪式上由本周值周教师进行总结和表彰。

(3) 各班每评上一次优秀大课间,为班主任记 1 分,这也是评选优秀班集体的重要条件之一。

(4) 在全员运动会中进行大课间评比,评分计入运动会总分。

五、开展全员运动会,打造篮球嘉年华

学校结合"乐享体育"课程篮球品牌建设,对春季运动会的组织形式及内容进行优化,以全员参与、大集体性为原则,切实提高师生及家长参加体育活动的兴趣,培养学生良好的体育锻炼习惯和健康的生活方式,促进其身心健康发展。

全员运动会对学校 36 个班进行重新编组,分为六支队伍,并以颜色来命名,分别是:蓝队、黄队、红队、绿队、白队和橙队。各颜色方阵穿本队颜色班服。运动会共设立冠军旗、亚军旗、季军旗三个奖项。

在全员运动会前,体育教研组面向全校师生征集运动会项目创意设计,录制比赛项目指导视频,制作各队伍留言板,各班学生亲手绘制本班手绘秩序册,营造浓厚的健康体育氛围。

具体比赛项目根据学生的年龄特点,兼顾篮球技能及趣味性,设置了"大课间评比""袋鼠蹦蹦""毛毛虫向前冲""蚂蚁搬家""快乐速递""亲子投篮""穿越火线""投篮大作战"等项目。

比赛评分项目由各项目比赛得分、运动会项目征集得分、文明卫生得分三个部分组成,以各方阵总分评出优胜队伍,颁发冠军旗、亚军旗、季军旗。

六、组织国家体测,检验体质水平

每年九月底,学校认真开展"国家学生体质健康标准"测试和上报工作。学校做好学生、教师、家长的宣传教育工作,将每年九月定为"国家学生体质健康标准测试教学月",让学生认识到体质健康的重要性,让教师重视学生的体质健康,让家长支持学校的体育工作。

体育教研组精心组织测试前的培训,准备好测试仪器和设备;测试后组织好数据录入,确保报送数据真实、准确、有效,向家长发放体质健康标准测试的学生成绩单,做到资料归档完整、齐备。体育教师针对本年度体测数据进行深入研讨,认真分析数据所反映的问题,撰写科学有效的数据分析,制定改进措施与策略,以数据来驱动体质健

康标准测试工作的持续发展,真正实现"国家学生体质健康标准"测试的意义。

七、设计家庭作业,夯实学科基础

1. 体育家庭作业的设计原则

我们在设计体育家庭作业时,坚持"让每个孩子享受体育的乐趣"的课程理念,以学生的发展为本,注重作业设计的多样性、趣味性和可操作性,充分挖掘体育课程资源。

2. 体育家庭作业内容设置

家庭作业的内容设置根据年级特点,以《国家学生体质健康标准》和"快乐篮球"拓展课程为主要练习内容。中低年级主要包括:一分钟原地运球、仰卧起坐、跳短绳、仰卧推起成桥等运动项目;高年级在此基础上又增加了25米行进间往返运球和400米跑等有强度的运动练习。

3. 家庭作业的实施

每个学期初将"乐享体育"家庭作业的表格发放给每个孩子。表格中设置有日期、练习项目、评价等级。每周练习三次,每次练习结束后进行自评和家长评。学期结束时总结自己的感想和收获。体育教师每月批改指导一次,并评选"乐享体育运动小明星",颁发证书,并计入学期末"乐享体育"学科综合评价成绩中。

"乐享体育"课程鼓励家长积极参与孩子的体育家庭锻炼,从而增进亲子关系,形成家庭良好的体育锻炼氛围,将"乐享体育"的单一作用放大到全社会。

在"让每个孩子享受体育的乐趣"的课程理念引领下,学校的"乐享体育"课程致力于打造特色学科团队,构建"乐享课堂",开发系列特色课程,关注学生体育运动习惯的养成,开发体育社团,丰富体育学科活动,全面推进"乐享体育"课程,切实提升每一位学生的体育学科素养,师生共享健康快乐人生。

(撰稿人:时继锋　杨焱)

第五章

生命锻造：经历运动的锤炼

　　善于根据情况变化创造性地进行教育的才能，是构成教育艺术的主要因素。健康开拓生活，生命锻造未来。明知会有苦痛，却依然咬牙坚持着去历练；明知成长的道路铺满荆棘，却依然勇往直前去面对。生命中的每一次历练，都会收获一份成长经验，最终让身心在历练中得到飞跃。

郑州市金水区柳林镇第四小学现有24个教学班,体育教研组有教师6人,其中骨干教师4人,新秀教师2人,是一支年轻有朝气的教师队伍。教研组团队的成员分别在花样跳绳、篮球、毽球、腰鼓等方面身具特长,所带领的学生团队获全国跳绳联赛呼和浩特站的多个奖项、郑州市第六届"晨光杯"小学生跳绳比赛团体第一、郑州市中小学生跳绳比赛一等奖、郑州市第六届中小学生体育节集体大绳比赛二等奖。学校体育团队教师不断更新教育教学理念,立足自身团队实际和学科特点,在体育教学中着力发展学生的核心素养,落实立德树人的根本任务。

学科课程哲学　让儿童在快乐中健康成长

《义务教育体育与健康课程标准(2011年版)》指出,义务教育阶段体育与健康课程是学校课程的重要组成部分,为学生终身参加体育锻炼奠定基础,促进学生健康、全面发展,其主要目标是以身体练习为主要手段,以学习体育与健康知识、技能和方法为主要内容,以增进学生健康、培养学生终身体育意识和能力为主要目的。

一、学科性质观

学校根据《义务教育体育与健康课程标准(2011年版)》的要求,结合体育学科团队实际,立足学科发展现状、学生发展需要和学校特色发展等,充分挖掘体育学科的综合育人功能,以体育与健康知识、运动技能和方法为学科教学的主要内容。本学科兼具趣味性、实践性、健身性、综合性,它的开展可为学生形成终身体育意识和养成自主进行体育锻炼的习惯奠定良好的基础,提高学生的体育与健康的实践能力,发展学生良好的意志品质,促进学生健康成长。基于此,我们认为体育与健康课程要注重渗透德育,提升学生的学习能力,使其身体灵活、思维敏捷,能够在该课程的学习中获得体育运动的乐趣和身心愉悦的情绪体验。

二、学科课程理念

体育与健康学科课程始终贯彻一个主题:健康第一、快乐体育、以生为主。体育教研组在教学中不断地创新、探索、进步、优化,尽量让枯燥、单调的学习变得新颖、活泼、轻松,让学生的身、心、德、智在愉悦的活动中得到全面地发展,同时结合体育与健康的学科性质,最终,学校提出了"灵跃体育"的课程体系,并秉承"让身心在历练中飞跃"的学科理念。

"灵跃体育"是灵慧的体育。该课程要求教师在教学过程中遵循教师为主导、学生为主体的教学原则,充分发挥教师的教育智慧,寓教于乐,利用课程项目的趣味特点,激发学生的学习积极性,开启学生的敏捷思维,使学生在学习过程中用智慧去解决问题。

"灵跃体育"是灵巧的体育。教师在教学过程中使用灵活多变的教学方法,巧妙地安排学习步骤,循序渐进,分层教学,促使学生习得运动技能、方法和知识,通过合理的训练发展学生身体的灵活性,为学生终身体育锻炼打下良好的基础。

"灵跃体育"是雀跃的体育。该课程要求教师在教学中要营造活跃的课堂氛围,学生以欢欣雀跃的学习状态投入学习之中,发展主动、独立的学习能力,在轻松愉快的环境中完成学习任务,体会自主学习的乐趣和成功的喜悦。

"灵跃体育"是飞跃的体育。课程包括"爱运动、善技能、跃健康、乐适应"四个方面的内容,不同的学习内容、要求和任务,引导学生在学习中不断地超越自我,提高学生的身体素质和运动能力,提高学生的体育健康知识和终身体育意识,从而促使学生学科素养得到质的飞跃。

学科课程目标　让每位学生得到适切的发展

体育与健康课程对于实施素质教育,培养学生的爱国主义、集体主义,促进学生德、智、体、美全面发展具有重要意义。通过本课程的学习,学生将掌握体育与健康的基础知识、基本技能与方法,增强体能;学会学习和锻炼,发展体育与健康实践和创新能力;体验运动的乐趣和成功的喜悦,养成体育锻炼的习惯;发展良好的心理品质、合作与交往能力;提高自觉维护健康的意识,基本形成健康的生活方式和积极进取、乐观开朗的人生态度。

一、学科课程总目标

体育与健康学科课程的核心在于培养学生的运动参与、运动技能、身体健康、心理健康与社会适应四个方面。学校依据《义务教育体育与健康课程标准(2011年版)》,结合学校的实际情况,将我校体育学科课程目标分为"爱运动""善技能""跃健康""乐适应"四个板块,制定出"灵跃体育"课程总目标(见表5-1)。

表5-1　金水区柳林镇第四小学"灵跃体育"学科总目标

领域目标	学科目标
爱运动	通过参与体育学习和锻炼,使学生形成积极的体育行为和乐观开朗的人生态度。通过丰富多彩的内容、形式多样的方法,注重引导学生体验运动的乐趣,激发、培养学生的运动兴趣和参与意识,为学生养成终身锻炼的习惯打下思想基础。
善技能	使学生学习体育运动的知识、技能和方法。通过多种形式的体育学习,发展学生的基本运动能力和运动中的自我保护能力,为学生养成终身锻炼的习惯打下技术基础。
跃健康	引导学生积极学习和锻炼,全面发展体能,提高适应环境变化的能力,形成关注自身健康的意识和行为。使学生掌握基本保健的知识和方法,塑造良好的身体形态和身体机能。引导学生懂得营养、行为习惯和疾病预防对身体发育和健康的影响,为学生养成终身锻炼的习惯打下体能基础。
乐适应	培养学生的自信心、坚强的意志品质、良好的体育道德、合作精神与公平竞争的意识。培养学生自尊、自信、不怕困难、坦然面对挫折的品质,让学生在体育活动中学会交往,为学生养成终身锻炼的习惯打下品质基础。

二、学科课程年级目标

根据体育与健康课程运动参与、运动技能、身体健康、心理健康与社会适应四个学习方面,结合"爱运动""善技能""跃健康"和"乐适应"四个板块构成"灵跃体育"课程的完整目标体系,我校又划分了具体的年级目标,见表5-2。

表5-2 金水区柳林镇第四小学"灵跃体育"阶段课程目标

年级	爱运动	善技能	跃健康	乐适应
一年级	通过"百变赛跑"和"快乐追逐赛"等课程的学习,学生能够集体参与到一些简单的体育活动中,在游戏中学习,并寻找乐趣。	1. 学生初步了解腰鼓运动,学习最简单的腰鼓动作,培养鼓性。 2. 学生掌握简单的乒乓球技术动作,并能够击打固定球。 3. 基本掌握武术操,并能熟练地向他人展示。	通过"形体训练"课程的学习,学生在生活中各个方面都有好的身体仪态,养成良好的健康行为。	通过"同手同脚"和"模仿秀"的课程学习,学生在挑战中获得乐趣,在发展自己身体机能的同时提升自己的认知能力,在互帮互助中体验助人为乐的价值。
二年级	学生通过"动感啦啦操"和"动物模仿秀"等课程的学习,对体育活动产生浓厚的兴趣,并在课余时间能够积极参与其他体育活动。	1. 学生在初步掌握腰鼓基本动作的基础上,学会腰鼓核心动作"大缠腰"。 2. 学生继续提升乒乓球技术,能够连续击打固定球。 3. 学生在学习街舞的同时,提升身体协调性并增强审美能力。	1. 学生通过"篮球之舞"和"小小搬运工"等课程学习,能够增强体能,增强心肺能力。 2. 学生掌握日常生活中的安全防护措施。	1. 通过各种跳绳课程的开展,学生初步养成相互配合的意识。 2. 学生在相互配合中学会理解他人,尊重他人。
三年级	学生通过丰富多彩的跑和跳课程的学习,愿意主动参与到身体素质训练类的练习中去。	学生通过本课程的学习,能够基本掌握腰鼓、跳绳、阶梯跑、撑杆跳远的基本活动方式,能够学习相关的体育运动知识。	1. 学生了解运动损伤的预防和处理方法。 2. 学生了解体育锻炼和营养状况对体育健康的影响。	1. 学生面对有一定困难的任务,能克服畏难情绪,坚持完成练习。 2. 学生培养自信心、坚强的意志品质、良好的体育道德。 3. 学生形成规则意识并自我约束。
四年级	通过"趣味运动会"系列课程的开展,使对运动兴趣不高的学生也能主动参与到各项体育活动中,体验胜利的乐趣。	1. 学生掌握"龙飞凤舞"等腰鼓动作。 2. 学生学习不同方式的跳绳和攀爬技能。 3. 掌握毽球的基本功练习方法并能够坚持练习。	1. 学生掌握基本的保健知识和方法。 2. 学生塑造良好的体形和身体姿态。 3. 学生了解疾病预防对身体健康和发育的影响。	1. 学生培养勇敢、顽强的意志品质。 2. 学生学会调控情绪的方法。 3. 学生在团队任务中形成合作意识和能力。

(续表)

年级	爱运动	善技能	跃健康	乐适应
五年级	初步掌握简单的科学锻炼方法,形成具有自主学习、合作学习和探究学习的能力,对体育运动有更高的热情。	1. 学生掌握"凤凰展翅"等高难度的腰鼓动作。 2. 学生初步掌握三步球运动的基本技术。 3. 学生可以熟练掌握足球的各项技术,能够参与校内、外足球赛事。	1. 学生初步了解人体运动系统。 2. 学生发展体能和健身能力。 3. 学生进一步掌握青春期的生长发育特点与保健知识。	1. 培养学生在体育活动中克服困难的意志品质。 2. 学生正确认识自己及他人的身体条件和运动能力。 3. 学生遇到挫折时学会调控自己的情绪状态。
六年级	学生通过"校园定向"项目的学习,对体育运动有更高的热情,能够积极主动地参与到各项运动中去。	1. 学生熟练掌握系统的腰鼓技能,能够编排简单的腰鼓组合动作。 2. 学生掌握基本的篮球技术,可以进行3对3比赛。 3. 学生熟练掌握毽球的各种踢法,自行组织毽球比赛。	1. 通过本课程的学习,学生掌握一定的保健知识和运动安全防范常识。 2. 学生了解一些运动损伤及常见意外伤害的预防与简易处理方法。	1. 学生在学习中锻炼坚强意志品质,学会勇于克服困难,并且在竞赛活动中团结同伴,帮助他人,形成良好的体育品德。 2. 学生学会在体育运动和竞赛中调节不良情绪,放松自己,体验成功带来的快乐。

学科课程框架　缤纷课程编织美好童年

根据学科课程总目标和年级目标,我校开发了丰富的延伸课程,构建了"灵跃体育"课程群,既能促进学生全面发展,又能满足学生的个性化发展,实现学科的特色化建设,全面提升课程品质。

一、"灵跃体育"学科课程结构

"灵跃体育"依据《义务教育体育健康课程标准(2011年版)》中课程的运动参与、运动技能、身体健康、心理健康与社会适应四个学习方面,并结合我校学生特点,围绕"爱运动""善技能""跃健康""乐适应"四个板块进行课程构建(见图5-1)。

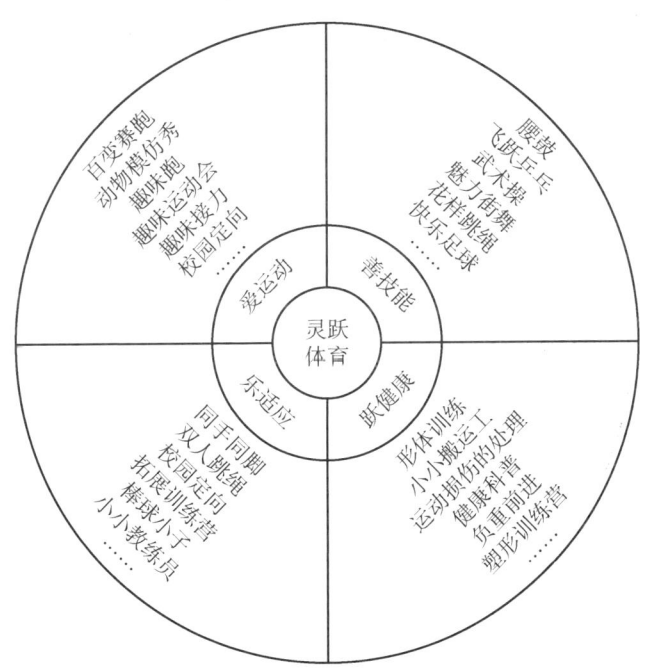

图 5-1　金水区柳林镇第四小学"灵跃体育"课程结构图

1. 爱运动

"爱运动"课程指向的是运动参与,是学生习得体育知识、技能和方法,锻炼身体和提高健康水平,形成积极的体育行为和乐观开朗人生态度的实践要求和重要途径,该课程重在引导学生体验运动的乐趣,激发、培养学生的运动兴趣和参与意识。

2. 善技能

"善技能"课程指向的是运动技能,是学生在体育学习和锻炼中完成运动动作的能力培养路径。通过丰富的体育课程内容的学习,发展学生的基本运动能力。

3. 跃健康

"跃健康"课程指向的是身体健康,课程引导学生努力学习和锻炼,全面发展体能,提高适应环境变化的能力,形成关注自身健康的意识和能力,引导学生懂得营养、行为习惯和疾病预防对身体发育和健康的影响。

4. 乐适应

"乐适应"课程指向的是心理健康与社会适应,重在培养学生自尊自信、不怕困难、坦然面对挫折的能力,是课程功能和价值的重要体现。

总之,"爱运动""善技能""跃健康""乐适应"四方面是密不可分、互相联系的整体,各个方面的目标主要通过不断的身体练习来实现。

二、学科课程设置

"灵跃体育"课程秉承"让身心在历练中飞跃"的学科课程理念,依据《义务教育体育与健康课程标准(2011年版)》,除了基础课程之外,学校"灵跃体育"课程的设置如表5-3所示。

表5-3 金水区柳林镇第四小学"灵跃体育"课程设置

内容领域 年级	爱运动 (运动参与)	善技能 (运动技能)	跃健康 (身体健康)	乐适应 (心健与社会适应)
一年级上	百变赛跑	腰鼓 飞跃乒乓 武术操	形体训练	同手同脚
一年级下	快乐追逐赛	腰鼓 飞跃乒乓 武术操	形体训练	模仿秀

(续表)

年级 \ 内容领域	爱运动 （运动参与）	善技能 （运动技能）	跃健康 （身体健康）	乐适应 （心健与社会适应）
二年级上	动物模仿秀	腰鼓 飞跃乒乓 魅力街舞 舞动青春	篮球之舞	双人跳绳
二年级下	动感啦啦操	腰鼓 飞跃乒乓 魅力街舞 舞动青春	小小搬运工	多人"8"字跳
三年级上	趣味跑	腰鼓 绳彩飞扬 速度阶梯跑	运动损伤的预防	校园定向
三年级下	趣味跳	腰鼓 绳彩飞扬 撑杆跳远	运动损伤的处理	定物找物
四年级上	趣味运动会	腰鼓 活力健球 花样跳绳	健康科普	拓展训练营
四年级下	趣味运动会	腰鼓 活力健球 攀爬高手	人体解读	拓展训练营
五年级上	趣味接力	腰鼓 快乐足球 快乐三步球	负重前行	三步球对抗赛
五年级下	你追我赶	腰鼓 快乐足球 快乐三步球	趣味耐久跑	三步球对抗赛
六年级上	校园定向	腰鼓 篮球 健舞飞扬	塑形训练营	棒球小子
六年级下	定向越野	腰鼓 篮球 健舞飞扬	健康之窗	小小教练员

学科课程实施　多元舞台共塑灵动少年

学校"灵跃体育"秉承"让身心在历练中飞跃"的课程理念,从"灵跃课堂""灵跃社团""灵跃时空""灵跃体育节""灵跃体育赛事"五个方面推进,致力于培养拥有健康体魄的灵动少年。

一、构建"灵跃课堂",优化课程的品质

"灵跃体育"课程着眼于学生体育学科素养的发展,以师生学习活动为载体,实现课堂的自主化、生活化、情感化,达到使学生情智交融的目的,建设发展与智慧和谐共生的课堂。

(一)"灵跃课堂"的要义与实施

"灵跃课堂"是充满智慧和活力的课堂,它立足于学生兴趣,创设情境,倡导合作、探究的学习方式。"灵跃课堂"的核心:教学目标是"心动";教学内容是"活动";教学方法是"灵动";教学过程是"互动";教学文化是"涌动"。

"灵跃课堂"立足于学生的身心发展规律、经验、情感,激发学生心向往之的学习动力,在一定的问题引领下,使学生在学习过程中充分体验与感知,从而达到既定的学习目标。体育组教师根据体育与健康课程标准的要求及学生的年龄特点,构建丰富的课程内容,在实践中不断完善体育课堂,让每一节课都多姿多彩,让每一位学生都收获满满。与此同时,教师们组织丰富多彩的活动,发展学生的学科素养。教师为学生的学习创设一定的情境,让学生自由地学习、超越自己、成就未来。

"灵跃课堂"是在教师的引领下,动中现主体、动中增活力、动中显灵气,让课堂充满生命活力,使学生在和谐、平等的师生互动中,共享成长的真实体验,促使精神生命的涌动。

"灵跃课堂"实施的环节分四步:一是创设情境、问题共识、心灵融通;二是启发引导、方法运用、尊重个性;三是勇于实践、反馈交流、技能形成;四是内化练习、归纳互评、延伸提升。

(二)"灵跃课堂"的评价要求

"灵跃课堂"的评价关注学科理念的落实效果,课程目标的达成度。围绕学校"灵动课堂"及体育学科"灵跃课堂"的核心及基本流程,教研组设计出"灵跃课堂"的评价标准(见表 5-4)。

表 5-4　金水区柳林镇第四小学"灵跃课堂"评价表

教师姓名		授课时间		班级		评课教师		评价得分
学科			课题					
项目	评价等级		优	良	合格		不合格	
			完全达到	基本达到	部分达到		少量达到或未达到	
教学设计(20分)	目标(10分)		1. 学习目标紧扣课标和学段要求,体现教材特点,切合学情。 2. 学习目标具体、明确。					
	内容(10分)		1. 结构合理,重、难点突出。 2. 设计内容能够引起学生积极学习,单位时间效率高。					
			20—18分	17—15分	14—12分		11分及以下	
课堂实施(70分)	创设情境问题引领(20分)		1. 课堂上学生参与度高,学生关注学习和训练方法;学生在课堂上表现出一定的自学能力;学生学习方式方法多样。 2. 切实贯彻"以学定教"原则,最大限度地了解学生自学中遇到的问题,善于利用多种途径引导学生解决问题。 3. 教师善于引导、鼓励学生质疑,培养学生的质疑能力。学生在课堂中敢于质疑,并表现出一定的质疑能力。 4. 学习目标问题化,以明确的学习任务作为启动和组织学生学习活动的操作把手,激发学生探究新知的热情。					
			20—18分	17—15分	14—12分		11分及以下	
	小组合作实践探究(35)		1. 学生参与展示交流时,态度积极,参与面广,参与度深。 2. 学生在自学和展示的过程中,体现合作、实践、质疑等学习方式;学生能够恰当评价;教师进行适时引导,关注有效生成,问题获得解决。					
			35—30分	29—24分	23—18分		17分及以下	
	练习反馈(15)		1. 拓展训练内容体现"层次设计"的要求。 2. 能通过反馈了解学生的知识掌握、方法获得的情况。发现问题,采取矫正和弥补措施。					
			15—13分	12—10分	9—7分		6分及以下	
学生课堂表现10分			1. 学生学习兴趣浓,学习状态好。 2. 能积极地参与各个学习环节。 3. 大胆自信,动作规范正确。					
			10—9分	8—7分	6—5分		4分及以下	

二、建设"灵跃社团",促进学生个性化发展

体育学科为了更好地发扬学校"自由呼吸　鼓舞成长"的办学理念,以丰富学生校园生活为目的,提升学生思想情操为宗旨,增进校内师生情感交流为倡导,以学生自愿

参加为原则,组建内容丰富的"灵跃社团"。

(一)"灵跃社团"活动实施

为切实推进素质教育,促进学生个性化发展,体育学科践行"灵慧、灵巧、雀跃、飞跃"的课程理念,结合学校特色,整合教育教学资源,开展"飞跃乒乓""魅力街舞""绳彩飞扬""活力毽球""快乐足球""趣味田径"等学生特色社团。每个体育教师负责一个社团,并撰写社团活动制度、社团活动纲要、社团活动方案、社团评价方案等相关材料。

(二)"灵跃社团"活动评价

"灵跃社团"依据学生的需求,建立平等、民主、新型的师生关系,让学生参与到评价过程中,提高学生的学习兴趣,树立学习的自信心。开展自评、小组评价,真正体现出评价方式的多样化和民主化;既注重终结性评价,又注重过程性评价。评价量表见表 5-5。

表 5-5　金水区柳林镇第四小学"灵跃社团"评价表

评价内容	评价标准	评价等级	自我评价	小组评价
基本体能	1. 练习任务完成情况 2. 运动成绩提高程度	好		
		一般		
		需努力		
运动技能	1. 能否说出已学知识或动作名称、术语 2. 已学运动项目动作完成情况	好		
		一般		
		需努力		
学习态度	1. 课内、外学习锻炼出勤情况 2. 课内、外学习锻炼态度	好		
		一般		
		需努力		
体育品德	1. 与同伴练习配合情况 2. 练习时克服困难表现	好		
		一般		
		需努力		
教师评语				
综合评价				

三、搭建"灵跃时空",深入开展具有特色的阳光体育大课间

秉承"每天锻炼一小时,快乐学习一整天"的健康理念,我校搭建"灵跃时空",深入开展独具亮点的阳光体育大课间活动。

(一)"灵跃时空"活动实施

"灵跃时空"分为"眼保健操""'O'型跑""拉伸操""腰鼓""放松操""跳绳""陶笛"等几个环节。具体安排见表5-6。

表5-6　金水区柳林镇第四小学"灵跃时空"实施安排

上午大课间活动项目			
项目	时间	内容	音乐
版块一:眼保健操	4分钟	安静、放松听音乐,根据节拍做眼保健操	规定音乐
入场	6分钟	铃响下课,站好队,整齐下楼慢跑至操场到达指定位置,先到达的班级先开始"O"型跑	入场音乐
板块二:跑步	5分钟	"O"型跑,拉伸操	规定音乐
版块三:腰鼓	4分钟	统一大鼓鼓点,分水平段进行腰鼓动作练习	大鼓鼓点
退场操	6分钟	听退场音乐,按顺序放松精神进入教室,原地停留的班级根据节拍做放松退场操	退场音乐
下午大课间活动项目			
项目	时间	内容	音乐
版块一:眼保健操	4分钟	安静、放松听音乐,根据节拍做眼保健操	规定音乐
入场	6分钟	铃响下课,站好队,整齐下楼慢跑至操场到达指定位置,先到达的班级先开始"O"型跑	入场音乐
板块二:跑步	6分钟	"O"型跑,拉伸操	规定音乐
板块三:跳绳	4分钟	跳绳、陶笛	规定音乐
退场操	6分钟	听退场音乐,按顺序放松精神进入教室,原地停留的班级根据节拍做放松退场操	退场音乐

"灵跃时空"要求全体教师积极参与其中,提升学生锻炼的热情,增进师生之间的情感,构建和谐的师生关系。该活动因参与人数多,有一定竞争性,存在不安全因素,为此学校做了几项安排。一是做好活动安排。在大课间活动中,组织相对松散,占用场地大,因此,学校将场地分成几大区域,由学校体育组统筹进行安排,下发到各个班级,让各班对场地和活动内容都非常明确。二是统一口令和指挥。大课间活动从集合

到结束的每一个环节都是在统一口令的指挥下进行的,同时体育教师要和班主任配合做好巡回检查。三是制定安全预案。对现场发生的特殊情况,按照预案有条不紊地迅速处理,确保不发生任何安全事故。

(二)"灵跃时空"课程评价

根据学校"灵跃时空"的活动设置内容,学校要求班班参与、人人参与。教师在德育处的引领下成立检查小组,加强检查监督,最大限度地保证活动效果和质量。德育处带领检查小组对各班检查,主要从以下方面进行:各班出操人数,班级进退场秩序,出操速度和质量,每班学生所带器材情况,参与活动是否积极主动,正、副班主任是否跟班等。德育处安排大队部学生每天检查大课间各班表现情况,并记录在册,每周进行评比并且颁发"大课间优秀班级"流动红旗。"灵跃时空"评价表见表5-7。

表5-7 金水区柳林镇第四小学"灵跃时空"评价表

项目	评分标准		得分
	分项	细则	
大课间活动	出勤(10分)	无故缺席,无故迟到每人次扣1分。	
	动作(20分)	做操时四肢动作不规范、不到位的每人次扣1分,动作错误的每人次扣2分。	
	口号(20分)	出操时各班有自己的班级口号,声音要洪亮,能体现班级特色,口号不洪亮不整齐的酌情扣1—5分,没有喊口号的扣10分。	
	节奏(20分)	把握节奏与音乐合拍,讲求韵律,抢拍或跟不上节拍的每人次扣1分。	
	纪律(20分)	各班同学根据音乐节奏在指定位置集合,队伍整齐,保持肃静,不整齐、不肃静,每人次扣1分;队伍中有人说笑打闹,每人次扣1分,累计计算;或视全班整体纪律状况,若纪律不佳的,可酌情扣2—10分。做操时东张西望、说笑打闹,每人次扣1分。	
	进出场(10分)	大课间前后,各班伴随音乐在规定时间内集合,队伍整齐,保持肃静。说笑打闹,不严肃,不整齐,每人次扣1分。	
教师参与	正、副班主任参与管理	正、副班主任无故不到场、不参与管理的扣10分。	
累计总分			

四、开设"灵跃体育节",彰显学生健康风采

"灵跃体育节"的开展,充分调动了学生参与的主动性和积极性,促使广大学生扩大知识领域,领略节日风情,同时增强学生参与体育锻炼的意识,提高学生的身体素质,为学生培养终身锻炼的良好习惯奠定基础。

(一)"灵跃体育节"的实施

"灵跃体育节"的实施秉承"贵在参与、勇于展示"的原则,为学生搭建体育运动的舞台,丰富的内容与多样的形式充分体现体育运动的全员性、趣味性、技能性等特点,努力让每一个学生都绽放精彩。具体活动安排见表5-8。

表5-8 金水区柳林镇第四小学"灵跃体育节"活动安排

活动时间	活动主题	活动目标
三月	腰鼓节	感受学校浓厚的腰鼓氛围,促使学生巩固所学的腰鼓动作、技能,进一步激发学生对腰鼓的热爱。
四月	春季全员运动会	增强全体学生的体质,培养学生良好的体育锻炼习惯及勇敢顽强的意志品质,加强学生集体主义观念,展现学生健康、活泼的形象。
九月	体质达标运动会	根据《国家学生体制健康标准》对学生进行检测,了解学生的体育健康状况,给教师课堂教学提供数据支持,促进每个学生体质健康水平的提升。
十月	秋季运动会	增强全体学生身体素质,提高学生的运动水平,推动学校体育工作的进一步开展。

(二)"灵跃体育节"的评价

"灵跃体育节"是校园文化的重要组成部分,学校体育节以节日系列活动的形式开展,是全校性体育活动的一种有效组织形式。为了更好地达成体育节活动的目标,我们主要从活动目标、内容的设定、学生的参与及效果等方面进行评价。"灵跃体育节"具体评价见表5-9。

表5-9 金水区柳林镇第四小学"灵跃体育节"评价表

评价项目	评价内容	分值	课程组评	教师评
目标设置	活动目标明确、清晰。	20分		
内容要求	根据学生年龄特点,确定内容设置与具体要求,引导学生热爱生活、积极参与,增强活动的现实性和亲近感。	20分		
活动过程	整个过程贯穿活动,使学生在情境中参与活动,在活动过程中得到体验和感悟,增强活动的有效性。	20分		
学生参与	学生充分发挥主体作用,乐于参与,自主体验。	20分		

(续表)

评价项目	评价内容	分值	课程组评	教师评
目标达成	学生目标达成度高,通过活动学生得到技能提升,获得丰富的情感体验,形成积极的生活态度,养成良好的行为习惯。	20分		

五、组织"灵跃体育赛事",为终身体育打下良好基础

学校各种赛事的开展,不仅能激励学生积极参与体育训练和竞赛,还能促进学生身心健康,培养竞争意识,增强班级凝聚力,为终身体育打下良好基础。

(一)"灵跃体育赛事"实施

各项赛事均由体育组教师进行策划,编制体育赛事方案,学校按照方案具体落实,保障师生积极参与到各项赛事中。其实施主要围绕赛事方案设计、过程的组织、赛事结果的评定及总结等方面进行,以确保赛事的时效性。"灵跃体育赛事"安排表见表5-10。

表5-10 金水区小柳林镇第四小学"灵跃体育赛事"安排表

比赛时间	比赛内容	比赛级别
四月	田径	区级
五月	毽球	校级
十月	乒乓球	校级
十一月	跳绳比赛和踢毽子比赛	校级、区级
十二月	篮球赛	校级

(二)"灵跃体育赛事"的评价

为了提高赛事组织质量,实现以赛事促进学习、促进技能提升的学科培养目标,学校"灵跃体育赛事"对体育赛事的评价主要从赛事组织实施、赛事成效两个方面展开。首先,赛前筹备工作合理有序。体育组教师合理制定赛事方案,合理布置场地,宣传到位。其次,赛事举办合理有序。做好教练员、领队、裁判员等赛事培训,有序进行开闭幕式、检录、成绩统计与公告。最后,学校对赛事进行评估总结、表彰及相关文件归档。

金水区柳林镇第四小学体育学科秉持"让身心在历练中飞跃"的课程理念,以培养学生的运动能力、健康行为、体育品德为根本追求,依托"灵跃体育"课程体系,通过价值引领、组织建设、队伍保障等系列措施,增进学生运动的兴趣,促进学生身心健康发展,培养学生终身体育意识和能力,致力于培养拥有健康体魄的灵动少年。

(撰稿人:郭岩岩 刘光浩 柳云云)

第六章

生命绚烂：绽放多彩的旅程

  童年，是多彩的画卷，是无限的可能，是一段美好的生命历程。教育，是与美相遇的过程，将美的教育融入系统的课程中去，给孩子一场陪伴，圆孩子一个梦想。以认知为主、技法为辅，采用好玩又有效的方式，让孩子在课程中艺于启智、技以成能、情动至善、思得灵动，为孩子们的童年增趣添彩。

郑州市金水区艺术小学美术学科教研组,现有专职美术教师13人,其中国家、省、市、区级学科带头人、首席教师、"希望杯"获得者、"金硕杯"获得者共5人;省、市、区级优质课获得者7人。美术教研组积极参加各级各类教科研活动,多次完成国家、省、市级教科研课题,并逐步形成了一支以中青年骨干教师为主的朝气蓬勃、奋发向上的学科团队。教研组多次组织学生参加各级艺术节及比赛活动,屡获佳绩。学校被评定为金水区小学美术课程研究基地,美术组曾多次被评为金水区优秀教研组。学校教师团队不断丰富知识储备,努力提高专业素养,致力营造良好的校园艺术教育氛围,让艺术弥漫校园、滋润生命,优质的师资为学科课程发展提供了有力支撑。

学科课程哲学　让每个生命成就更美的自己

小学是学生学习美术的起始和基础阶段,学生学习兴趣和习惯的培养关系到其今后美术学习的成效和发展。让学生在美术学习启蒙阶段保持学习的愉悦性,是我校美术学科课程构建的追求。

一、学科课程价值观

《义务教育美术课程标准(2011年版)》指出:"美术课程以社会主义核心价值体系为导向,弘扬优秀的中华文化,力求体现素质教育的要求;以学习活动方式划分美术学习领域,加强学习活动的综合性和探索性,注重美术课程与学生生活经验紧密关联,使学生在积极的情感体验中发展观察能力、想象能力和创造能力,提高审美品位和审美能力,增强对自然和人类社会的热爱及责任感,形成创造美好生活的愿望与能力。"① 因此学校力求创设轻松愉悦的学习氛围,让学生能够体验美术学习的快乐,保持学习美术的积极性与持续性,促进学生在美术课程中自由抒发情感,创意个性表达,增强学生的自信心,养成健康人格。

---

① 中华人民共和国教育部. 义务教育美术课程标准(2011年版)[S].北京:北京师范大学出版社,2012:1.

二、学科课程理念

教研组希望通过美术课程,帮助学生提升思想情感和审美趣味,丰富学生的物质及精神世界,激发学生无限的创造潜能。因此,我们将"艺趣美术给童年生活增趣添彩"确定为学科课程理念,力求激发学生的艺术兴趣,开启无限可能;以认知为主、技法为辅,多种材料相结合,创设好玩有效的学习方式,让学生在本课程中艺行启智、技以成能、情动至善、思得灵动。"艺趣美术课程",助力学生拥有更美好的生命之旅,其具体内涵如下:

1. 激发兴趣,以艺启智

长期的艺术教学实践,使我们对美术教育的价值有了更深入的认识。在学校生活中,美术教育不仅仅着力于学生的艺术培养,它对其他领域的学习和人生的长远发展,也有着显著的促进作用。"以艺启智",即注重对学生智力、情感、艺术性和创造力的全面挖掘,让学生与美不期而遇。课程以最美的样态去感染学生、熏陶学生、激励学生,让学生在不断的美感启蒙中发展美术兴趣,对其终身形成持续而深远的积极影响。

2. 唤醒自觉,以技促能

杜威曾说过:"教育即经验的不断改造。"艺术素养的形成植根于熟练的艺术技能,完备的艺术素养也需要通过高超的艺术技能来展现。美术教育不仅是学生艺术技能的养成通道,更是全面提升学生个体素质和能力的主要路径。因此,基于学生浓厚的美术兴趣,给予其规范的引导与训练,使之形成完备的素质与能力,是我们美术学科课程的重点所在。

3. 融合人文,以情育善

艺术教育能够使人向善向美,我们始终坚信艺术本身不是目的,而是手段。我们关注的重点不是学生美术技能的提升,而是通过美术课程帮助他们在情感、态度、价值观上的生成与发展。美术课程旨在唤醒人对美的意识,让学生懂得真善美,不断追寻、不断遇见、不断完善自己的美好人生。

4. 引导探究,以思生灵

艺术教育是充满灵性的教育,更是发展学生灵性的重要渠道。我们力求贴合学生的成长需求,设置能增长其思考力、探究力和创新力的美术课程。思考力、探究力和创新力从来不是一夜生成的,而是在持续的课程学习与实践过程中不断孕育、萌生的。

只有将想象、创造、游戏、艺术完美融合,探究儿童美术教与学的新模式,充分激发学生主动参与的热情,以"思—创"的形式构建教学过程,才能使学生真正享受求学过程的精彩和艺术创造的乐趣。

学科课程目标　审视艺术的真善美

学生在课程中尝试各种工具、材料和制作过程,丰富视觉、触觉和审美经验,体验美术活动的乐趣;学习美术欣赏和评述方法,获得对美术学习的持久兴趣;了解基本美术语言的表达方式和方法,逐步学会表达自己的情感,把美融入生活;在参与各种美术活动过程中,个人或集体的创造精神得以激发,美术实践能力得以发展,从而形成基本的美术素养。

一、学科课程总体目标

现依据《义务教育美术课程标准(2011年版)》"造型·表现""设计·应用""欣赏·评述"和"综合·探索"四个学习领域来设定"艺趣美术课程"的学习目标,见表6-1。

表6-1　金水区艺术小学美术学科课程学习领域目标

学习领域	目 标 描 述
造型·表现	观察、认识与理解线条形状、色彩、空间、明暗、肌理等基本造型元素。运用对称、均衡、重复、节奏、对比、变化、统一等形式原理进行造型活动,增进想象力和创造意识。有意识地运用造型元素和形式原理参与造型表现活动。在绘画作品中表现物体近大远小的空间关系。运用对比色、邻近色表现适当的主题。
设计·应用	了解设计与工艺的知识、意义、特征、价值以及"物以致用"的设计思想。知道设计与工艺的基本程序。学会设计创意和工艺制作的基本方法。逐步发展关注身边事物、善于发现问题和解决问题的能力。有意识地运用形式原理进行设计制作并表现一定创意。知道单独纹样及其设计方法和应用。了解工艺制作的过程,根据物品的用途,大胆进行想象,表达创意。
欣赏·评述	感受自然美。了解美术作品的题材、主题、形式、风格与流派。知道重要的美术家和美术作品,以及美术与生活、历史、文化的关系,形成审美判断能力。学会从多角度认识与欣赏美术作品,逐步提高视觉感受、理解与评述能力。掌握美术欣赏的基本方法,能够在文化情境中认识美术。主动搜集、了解中外美术作品及重要美术家的信息,运用简单的美术语言,通过口头描述或写作等形式,能对至少6位中外美术家及其作品表达理解与感受。知道2种以上中国民间美术种类的主要特点以及代表作品的寓意,用词语、短句等表达感受和认识。
综合·探索	了解美术各学习领域的联系,以及美术学科与其他学科的联系。借助美术学科与其他学科融会贯通的方法,提高解决问题的综合能力。认识美术与自然、美术与生活、美术与文化、美术与科技之间的关系,进行探索性、综合性的美术活动,并以各种形式发表学习成果。用文字、图像等形式记录调查结果,对素材进行整理和分析,以美术与其他学科知识相结合的方式进行创作与展示。对媒材、形状、色彩和材质感兴趣,能够进行联想和创作。

二、学科课程学段目标

教研组按低、中、高年级段设置具体目标,详见表6-2。

表6-2 金水区艺术小学美术学科课程各学段目标

年级段	目标描述
低年级	1. 尝试不同工具,用衍纸、麻绳等各种媒材,通过看看、画画、做做等方法,大胆、自由地表现所见所闻和所感所想,体验造型活动的乐趣。 2. 观察身边的用品,初步了解形状与用途的关系。尝试纸盘、彩泥等工具,用身边容易找到的各种媒材,进行简单组合和装饰,体验设计和制作活动的乐趣。 3. 观赏易于接受和感兴趣的美术作品,用简短的话语大胆表达感受。 4. 采用造型游戏的方式,或以造型游戏与语文、音乐学科及民俗文化相结合的方式,进行有主题的想象、创作和展示。
中年级	1. 初步认识线条、形状、色彩与肌理等造型元素,学习使用水粉、中国画工具,体验不同媒材的效果,通过观察、绘画、联想等方法表现自己的生活、梦想,激发丰富的想象,唤起创造的欲望。 2. 尝试从形状与用途的关系,认识设计和工艺的造型、色彩、媒材,学习"对比与和谐""对称与均衡"等形式原理,用平面或立体制作的方法设计服饰、扇面和生活用品,感受设计美化生活的乐趣。 3. 欣赏符合认知水平的中外美术作品,用语言或文字等多种形式描述作品,表达感受与认识。 4. 采用造型游戏的方式,结合诗文、历史等传统文化,进行美术创作与展示,并发表创作意图。
高年级	1. 运用线条、形状、色彩、肌理和空间等造型元素,以描绘和立体造型的方法,选择版画、水彩、篆刻等工具和媒材,记录并表现所见所闻、所感所想,发展美术构思与创作的能力,表达思想与情感,体验美术创作的乐趣。 2. 从形态与功能的关系,认识设计和工艺的造型、色彩、媒材。运用"对比与和谐""对称与均衡""节奏与韵律"等形式原理,设计制作扇面、书签、藏书票和校园招贴,美化生活,并与他人交流设计意图。 3. 欣赏中外优秀美术作品,了解有代表性的美术家。通过描述、分析与讨论,用简单的美术术语对美术作品的内容与形式进行分析,表达对美术作品的认识与感受。 4. 结合一至六年级语文、音乐等学科的知识、技能以及学校的活动,用多种美术媒材进行策划、创作与展示,体会美术与生活环境、美术与传统文化的关系。

学科课程框架　参与时代精神的创造

我校美术学科设置的"艺趣美术课程",选择有利于学生发展的美术知识和技能,结合过程与方法,组成课程的基本内容。课程面向全体学生,根据学生的个体差异,通过灵活丰富的教学内容以满足不同层次学生的需求。

一、学科课程结构

依照美术学科"造型·表现""设计·应用""欣赏·评述"和"综合·探索"四大学习领域,我校"艺趣美术课程"划分为"趣造型""趣设计""趣欣赏""趣探索"四大类,见图6-1。

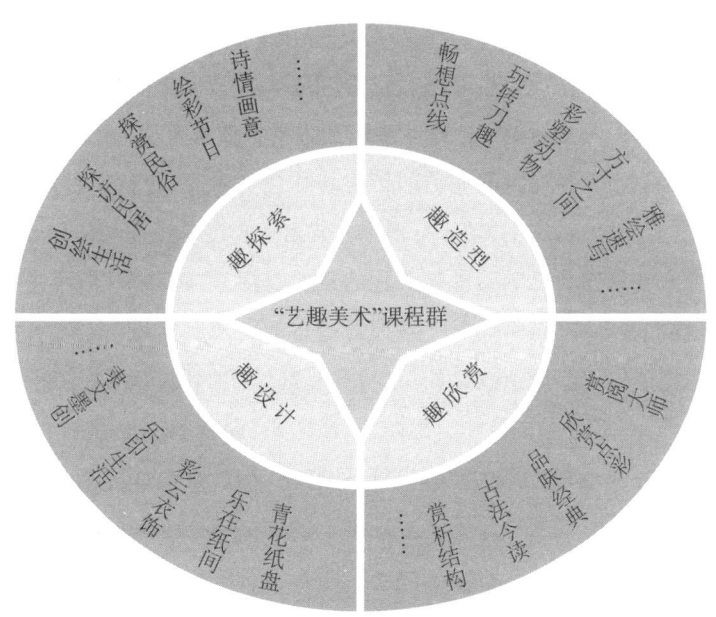

图6-1　金水区艺术小学"艺趣美术课程"结构图

(一) 趣造型

造型是指运用描绘、雕塑、拓印、拼贴等手段和方法创作视觉形象的美术创作活动;表现是通过多种媒介进行美术创作活动来传达观念、情感的过程。造型与表现是美术创造活动的两个方面,造型是表现的基础,表现是通过造型的过程和结果而实现的。"趣造型"课程贴近学生不同年龄阶段身心发展的特征与美术学习的实际水平,以多样的活动形式和丰富的学习内容给学生以全新独特的体验,鼓励学生积极参与造型表现活动。如"雅绘速写"锻炼学生敏锐的观察力,运用观察的方法捕捉对象。"玩转刀趣"通过刻、印,让学生体验不同刀痕的肌理效果,在游戏当中感受版画的独特魅力。

(二)趣设计

设计意识是对未来作品的把握和所需手段的设想,对于任何美术创作和其他艺术实践都是必不可少的,能对学生未来的工作和生活产生积极的影响。学生通过"青花纸盘""隶文墨创""乐印生活"等系列课程,运用设计和工艺的基本知识、方法,进行创意、设计和制作活动,发展创新意识和创造能力,了解艺术形式美感及其与设计功能的统一,提高对生活物品和周边环境的审美评价能力,激发美化生活的愿望。

(三)趣欣赏

美术欣赏评述活动是让学生通过对自然、作品等进行观察、描述和分析,逐步形成审美趣味和欣赏能力的学习过程。学生除了通过欣赏获得审美愉悦之外,还应认知作品的思想内涵、形式与风格特征、相关的历史和社会背景等,包括作者的思想、情感和创造性的劳动,并用语言、文字、动作等多种方式表达自己的感受与认识。让学生能够运用美术语言来畅谈出自己的感受是课程的重要目标。"趣欣赏"课程注重学生的积极参与,以多样的教学方式,引导学生掌握最基本的美术欣赏方法,学会通过美术馆、博物馆、网络、书刊等多种渠道收集相关信息,提高学生的欣赏和评述能力,在文化情境中理解美术作品,培养人文精神。比如"品味经典"课程利用地方的文化资源,引导学生了解美术作品与地理、历史、经济、民俗的联系,使欣赏与评述活动更贴近学生的生活。"欣赏大师心境"课程通过欣赏中外画家的作品,感受不同画家的笔触、色彩风格,借以深入了解画家的性格与情感。

(四)趣探索

美术课程是视觉的造型艺术,具有可视的形象特点。在"趣探索"课程中增添趣味性、多元化的教学模式,如实物展示、投影运用、社会实践活动和民间艺术探索等形式,增加信息量和科技量,以适应学生的认识发展和身心发展的需要。组织学生探赏民俗、探访民居,丰富学生的见识,使学生在造型上强调自由表现和大胆创造,从生活中发现创作素材,创绘生活。教学追求新型、简易、愉悦的课堂模式,激发并提高学生自主探索的积极性。

二、学科课程设置

课程围绕"艺趣美术",分6个年级12个学期,课程设置如表6-3所示。

表6-3 金水区艺术小学"艺趣美术"课程设置表

类别		艺趣美术课程				
年级		表现形式	趣造型	趣设计	趣欣赏	趣探索
一年级	上学期	线描	畅想点线 创意无限	青花纸盘	欣赏大师	绳缠花瓶
	下学期	彩泥 剪纸	彩塑动物 剪对称形	彩泥纸盘 乐在纸间	欣赏彩泥(绘本赏析)马蒂斯剪纸	玩泥泥乐陶陶 新年灯饰
二年级	上学期	线描	静物写生	生活用品的创想设计	欣赏衣饰纹样	春节创作欢乐多
	下学期	生肖故事 传统纹样	临摹民间传统纹饰	动物装饰	欣赏十二生肖	民间玩具 小泥人
三年级	上学期	点彩画	快乐点彩画	点饰生活	欣赏点彩画	梦幻万花筒
	下学期	水彩画 水粉画	彩色的梦	彩云衣饰	欣赏大师心境	变废为宝
四年级	上学期	水粉画	稚手绘世界	绚彩饰生活	童心赏大师	律动色彩
	下学期	国画	勾染皴擦笔墨意味	绘制奇趣扇面	赏阅大师	为诗作画
五年级	上学期	版画书法	玩转刀趣 笔墨横姿书隶趣	乐印生活 隶文墨创	品味经典 古法今读	彰显文化意趣 笔底春风写对联
	下学期	篆刻	方寸之间 分朱布白	古色古香藏书票	读懂汉印之美	诗书画印 再现传统
六年级	上学期	素描	雅绘速写	多彩校园招贴	赏析结构	家乡建筑剪影
	下学期	水彩	唯美水色交融	流光溢彩书签	感受流动之美	水彩写意绘本

学科课程实施　多维展现创意成果

"艺趣美术课程"的实施,以学生兴趣为前提,基于学生的学习需求及现状,构建"艺趣课堂""艺趣课程""艺趣社团""艺趣节日""艺趣嘉年华",开展多样的美术活动,激发学生学习美术的兴趣,创设趣味又好玩的学习方式,辅以多维度、多角度的综合评价,促进学生全面发展。

一、构建"艺趣课堂",培育美术素养

"艺趣课堂"是美术教育特色化、个性化、校本化的具体实践与实施。

(一)"艺趣课堂"的内涵与实践操作

"艺趣课堂"是将有艺术性和趣味性的内容融入教学中,在课堂中凸显学生的个性发展。课堂教学灵动、有效,鼓励学生的不同见解,让思维激荡思维,让思想冲撞思想,让方法启迪方法。学生拥有欢喜心,对美术学习充满兴趣,课堂上静心地听,认真地想,放飞自我,找到乐趣。

"艺趣课堂"推进策略如下:

(1) 夯实教学常规,课堂随听随评。美术教研组按照教学常规制度,利用每学期至少20节的随堂教学观摩,做到"随时听、随堂听、集中评"。每节观摩课后,由组内听课教师依据《艺趣课堂评价标准》进行量化评分,并就课堂出现的问题进行集中研讨、实时反馈。

(2) 坚持民主评教,尊重学生主体。学生是教育教学的对象,更是学习的主体。因此在美术课堂教学中,组内教师力求能关注到不同层次的学生,帮助每个学生获得积极的学习体验。同时,通过问卷调查,从学生角度了解教师教学中的不足,从细节入手,进而提升教学质量。

(3) 深化校本教研,提高教学实效。美术教学工作立足教师专业发展,以课堂教学为主阵地,深入开展校本教研。以小课题研究为切入点,针对当下教育热点,对课堂教学中的难点或共性问题进行"主题式"校本教研,并定期邀请专家参与、引领,最大限度发挥校本教研在美术课堂教学中的作用。

(二)"艺趣课堂"的评价要求

"艺趣课堂"从教学内容、思维状态、课堂氛围、目标达成四个维度进行评价,评价量表见表6-4。

表6-4 金水区艺术小学"艺趣课堂"评价量表

评价类别	评价指标	评价标准	评价结果			
			优	良	合格	待努力
教学内容	丰富	1. 生动、形象、富有美感,有利于学生的美术审美学习和文化学习。 2. 有利于陶冶学生的性情和高尚情操,有利于学生创造能力与实践能力等多种能力的培养。 3. 创造性地使用教材,教学容量适当,深浅适宜。				
思维状态	灵动	1. 思维空间开放好,学生能主动、积极提出问题,发表不同见解。 2. 学生提出的问题具有个性、有价值和创造性。 3. 学生能自主学习、合作探究、质疑问题。				
课堂氛围	艺趣	1. 尊重学生个体差异,创设和谐共生的课堂氛围。 2. 能使学生体验乐趣,陶冶情操,轻松愉快,勇于进取,克服困难,耐心细致。 3. 学生大胆果断,有良好的学习习惯。				
目标达成	适宜	1. 学生具有美术探究和创新兴趣,审美能力和实践能力得到培养,文化得到熏陶。 2. 学生能用不同视角观察感知审美对象,充分体验,想象丰富,思维活跃,能获得相应的知识技能。 3. 学生能大胆尝试运用所学美术知识和技能进行表现与创造,展示个性。				
亮点		存在的问题		改进意见		

二、实施"艺趣课程",提升学科能力

我们着重从以下几方面实施"艺趣课程",不断提升学生的美术学科能力。

(一)"艺趣课程"的内涵与实践操作

1. 趣造型

在课程活动中,学生学会主动寻找与尝试不同的材料,通过各种造型活动,把看、画、做、玩融为一体,积极主动地学习和探究,训练艺术技能,养成充满童真又善于思考

的学习品质。

2. 趣设计

让学生了解"物以致用"的设计思想,并运用设计和工艺的基本知识、基本方法,进行创意、设计和制作活动。学生在课程活动中感受各种材料的特性,合理利用多种材料和工具进行制作活动,提高动手能力。学生用美的眼光去发现生活,养成事前预想和计划的行为习惯以及耐心细致、持之以恒的学习态度。

3. 趣欣赏

对艺术作品欣赏和评述的过程,有助于学生了解中外美术发展概况,多角度欣赏和认识自然美,了解美术作品的材质、形式和内容特征,逐步提高视觉感受能力,掌握运用语言、文字、形体表达自己感受和认识的基本方法,形成健康的审美情趣。让欣赏美变成一种日常,使追求美变成一种习惯,学生逐步形成崇尚文明、珍惜民族艺术与文化遗产、尊重世界多元文化的态度,用美的作品去感动自己,用美的语言去感染他人,用美的行动去感化环境。学生通过欣赏评述的主题活动,更好地了解艺术与社会、艺术与历史、艺术与文化的关系,涵养人文精神。

4. 趣探索

引领学生了解美术学科与其他学科的差异与联系,自主制定学习方向和目标,进行探究性、综合性的美术活动。学生在认识美术与生活密切关系的过程中,培养解决问题的综合能力,开阔视野,拓展想象的空间,激发探索未知领域的欲望,体验探究的愉悦与成功感。

(二)"艺趣课程"的评价要求

本课程注重对学生学习技能、习惯的培养并从收集整理、整体观察、个性体现、作画行为规范、备齐学具、运用美术语言几方面来评价,评价标准见表6-5。

表6-5 金水区艺术小学"艺趣课程"评价标准

项目	要素	艺趣课堂达标			
		达标	结果	待达标	结果
收集整理	收集信息	课前收集相关图像信息和文字资料,视觉积累丰富。		视觉图像资料、文字资料积累少。	
	挖掘情趣	能以多种美术形式表现平凡生活中不平凡的情趣。		仅观察生活中大众化现象。	

(续表)

项目	要素	艺趣课堂达标			
		达标	结果	待达标	结果
整体观察	观察方法	按照从整体到局部的观察顺序进行观察。		只能观察事物细节。	
	观察目的明确	为艺术创作的需要进行观察。		观察目的不明确。	
个性体现	个性独特	能将自己的个性体现在美术作品创作当中。		作品停留在复制与抄袭。	
作画行为规范	画姿正确	作画过程中,眼睛与画面能保持一尺的距离,身体端正,双脚平放。		趴伏桌面进行艺术创作。	
	美术用具	美术用具摆放整齐,用后归回原位。		美术用具摆放无序。课后教室卫生差。	
备齐学具	学具资料齐全	能根据不同类型的美术课程需求及时备齐所用用具和材料。		用具和材料不全,导致美术创作出现困难。	
	学具摆放有秩序	学具使用前后按规矩摆放到位		学具摆放没有规矩,造成桌面凌乱,影响教学任务的完成。	
运用美术语言	美术语言	能运用相关美术语言进行表述。		在表述过程中,缺少美术语言的使用。	

三、建设"艺趣社团",提升社团品质

学生社团是学生为实现共同意愿或满足个人兴趣,自发组织的群众性学生活动。学校开展的各类美术社团活动是学校课堂的补充,能丰富课程内容,提升学生能力,同时对校园文化的建设起到良好的作用。

(一)"艺趣社团"的内涵与实践操作

"艺趣社团"使学生通过学习和活动,关注自己的心灵和感受,培养有情趣、有审美能力、有高尚品格的人。学生从中不仅学到绘画的技巧,还能认识生活和评价生活,用艺术的眼光去观察生活,用审美的心态去体验生活,有意识地去欣赏生活中的美,体会生命所赋予人生的特殊含义。

为丰富学校课程,我们设置了"方寸之间"篆刻社团、"翰墨书香"书法社团、"雅绘速写"社团、"泥之灵"陶泥彩塑社团、"稚手追梦"版画社团和"水墨童年"国画社团六个门类的艺趣社团。社团活动坚持学生自主管理和教师辅导的形式开展,定期组织学生

活动,注重培养学生自主探索、自主学习的能力,让学生在艺术的海洋里自由翱翔。

(二)"艺趣社团"的评价要求

我们采用多样的实施策略和多维的评价方式,力求为学生提供丰富的学习体验,各个社团活动从积极性、参与性、表现能力和探究能力几方面进行评价,评价表见表6-6。

表6-6 金水区艺术小学"艺趣社团"学生活动评价表

活动时间		活动地点			指导教师		
活动主题		活动班级					
姓名	积极性		参与性		表现能力		探究能力	总评
	自评	组评	自评	组评	自评	组评	自评	组评	

四、开展"艺趣节日",挖掘文化之美

节日文化是人类精神文化中必不可少的一部分,以传统节日文化为载体,培养学生的审美意识与能力是"艺趣节日"主题活动的重要组成部分。

(一)"艺趣节日"的内涵与实践操作

每个传统节日都少不了充满特色的民俗活动,它们能使人们在快乐中感受节日的气氛。教师可根据每个节日的特点,围绕节日主题,结合学生的年龄特征和知识水平,精心设计实践活动,让学生在参与中获得体验,增长知识,丰富情感,养成品德。

1. 开展动手实践活动

在"艺趣节日"活动中,我们结合各种不同的传统节日,立足于当地的节日风俗,开展了丰富多彩的美术活动。清明节有放风筝、踏青等习俗,所以我们根据学生的年龄特点,高年级设计了难度较高的"放飞风筝,放飞理想"大赛,中、低年级则是"踏青写生"。端午节有赛龙舟、吃粽子、做香包等节日活动,我们设计了"巧手做龙舟"泥塑比赛、"香气萦绕"香包制作比赛。学生积极参与,既了解欣赏了民间艺术,又学习体会到了香包、龙舟的寓意。中秋节前夕,我们开展了"中秋诗配画"比赛、"庆中秋手抄报展"等活动,让学生了解中秋的由来、风俗、名诗、文章等知识。春节前,可以开展"我来写春联""贺新春手抄报""多彩的花灯"等一系列的美术活动。

2. 在教材中融入节日元素

我们根据教材内容和节日安排调整了教学内容。如在教学三年级《面具》一课时，我们融入清明节与春节用面具祭祀的风俗，使学生了解面具在节日祭祀中的应用与意义；二年级《百变团花》中，融入春节贴窗花这一风俗，引导学生了解民间美术创作与节日的关系；六年级《家乡的美食》授课时间正好在春节时，可以借助图片展示我们的年夜大餐；《民间玩具》这一课有很多节日元素，可以引导学生把玩具与节日结合在一起。

"艺趣节日"除了要注重学生的参与，还需要做到"五结合"：将学生年龄特点、学生的兴趣爱好、学生的情感、节日的特点、美术课堂相结合。在各项活动的开展中，要充分调动学生挖掘传统节日的积极性，使传统节日在美术课堂中慢慢绽放。

（二）"艺趣节日"的评价要求

为使"艺趣节日"主题活动开展常态化且具有持续的新鲜感，传统节日活动评价方式的探索也尤其重要，从学习态度、学习过程、协作能力、学习收获、综合评价等方面进行评价，以学生为主体，引导学生设计评价方案，参与评选。"艺趣节日"评价量表见表6-7。

表6-7 金水区艺术小学"艺趣节日"课程学生发展评价量表

评价内容	评价标准	评价等级		
		优秀	良好	一般
学习态度	能够积极参与对传统节日的了解，以美术语言、多种形式进行创作并深入探究。			
学习过程	认真观察、发掘、记录与整理，有独特的想法与创意表现。			
协作能力	能与同伴合理分工、积极协作，共同分享并完成创作。			
学习收获	学习成果呈现形式多样、美观、有童趣。			
综合评价				

五、开展"艺趣嘉年华"，彰显创造魅力

"艺趣嘉年华"活动，是学生自我展现和作品展示的艺术盛宴。

（一）"艺趣嘉年华"的内涵与实践操作

一场高品质有内涵的学生作品展，一场艺术与灵感碰撞的"艺趣嘉年华"，发挥学生的创意和想象，使每个学生都能从星罗棋布的艺术作品中汲取精华，感受艺术作品

的延展。"艺趣嘉年华"形式分为静态和动态展示。

(1) 静态展示主要以美术作品展为主。结合学校特色和校园文化,组织各班成员积极参与美术主题创作,展出的作品力求新颖、别致,且具有一定的审美价值。展出的作品涉及儿童画、动漫、素描、水粉、水彩、国画、书法、版画、篆刻、手工等多种形式,要求构图各异、风格不同、画路广阔、品类齐全,与音乐、戏曲、舞蹈、体育相结合,例如手绘团扇用中国画形式表现我校学生戏曲表演,以版画的形式表现学生体育、舞蹈、活动的场面,把版画作品印制成书签、藏书票、美化T恤、包等,充分激发学生的创意,展示我校学生的美术艺术才华。学生的作品充分体现了丰富的想象力、创造力和时代感,创意新颖,形式多样。美术作业展示地点安排在教室走廊、美术专业教室、学校展馆,在展示的同时,让更多的学生认识形式各异的美,让校园里美术的氛围变得浓郁,并充盈着每个角落。

(2) 动态展示以场馆活动为主。表演内容分手工制作区和各种绘画区,每个艺术社团选出五位优秀学员进行现场表演,有美术课程教师辅导,五位优秀社团成员分工,有现场解说和现场绘画、制作、表演,解说员讲解本社团的经验和表演的绘制过程,如:现场表演绘制形态各异的京剧脸谱、手工制作服装表演等。

(二)"艺趣嘉年华"的评价要求

"艺趣嘉年华"从四个方面进行评价,评价量表见表6-8。

表6-8 金水区艺术小学"艺趣嘉年华"的评价量表

主体 项目	自评	师评	校评
对活动感兴趣,能积极主动参与			
能感觉作品色彩美、造型美,理解作品体现的主题			
能创作出富有创意的作品			
能表述自己的展示效果			

"艺趣美术课程"以认知为主、技法为辅,用多种材料相结合、创设趣味又好玩的学习方式,让学生在课程中启智悉艺,为他们的童年增趣添彩。

(撰稿人:王慧颖 滕姗姗 荆磊 徐蕾 代莉)

第七章

生命梦幻：融入艺术的生活

生命,是一颗神奇的种子,蕴藏着不为人知的力量;成长,是一段梦幻的旅程,充满着无限生长的希望;课程,是一条精彩的跑道,连接着五彩斑斓的世界。在生活中,让童年与艺术完美相遇,让儿童与绘画相互表达。在课程中,让儿童把艺术融入思维与生活,用艺术的眼光发现多彩的世界,用创意的思维表达真实的情感,用绘画的手法表现美好的生活。

郑州市金水区文化路第三小学美术组由8名老师组成,是一支以青年教师为主,具有团结合作、无私奉献、创新意识的团队。组内倡导奋进务实的作风,营造宽松和谐的氛围,崇尚学术自由,追求艺术个性;教科研气氛浓厚,业绩突出。这样一支对工作充满了激情的年轻队伍在学校领导的带领下,在教育教学及科研等方面均做出了一定的成绩。教研组有金水区首席教师1人、骨干教师1人和教学新秀1人,多篇教育教学论文获省、市级一、二、三等奖。

学科课程哲学　唤醒艺术成长的潜能

一、学科课程价值观

《义务教育美术课程标准(2011版)》指出:"美术课程以社会主义核心价值体系为导向,弘扬优秀的中华文化,力求体现素质教育的要求;以学习活动方式划分美术学习领域,加强学习活动的综合性和探索性,注重美术课程与学生生活经验紧密关联,使学生在积极的情感体验中发展观察能力、想象能力和创造能力,提高审美品位和审美能力,增强对自然和人类社会的热爱及责任感,形成创造美好生活的愿望与能力。"[①]

基于这种认识,我们认为核心素养导向下的美术教学,其学习内容需要紧密贴合学生的日常生活经验,给学生形成一种开放的学习和探究的空间。我们以"艺绘童年"为课程理念,致力于将学生培养成一群拥有发现美的眼光、创造美的双手、感知美的心灵的人。

二、学科课程理念

根据《义务教育美术课程标准(2011版)》的文件精神,结合学校实际情况,教研组确定我校美术学科课程为"艺绘童年",即让学生把艺术融入思维和生活,用艺术的眼光看待事物,用绘画的手法表现生活,将美好的情、景用学习到的技艺与方法表现

---

① 中华人民共和国教育部.义务教育美术课程标准(2011年版)[S].北京:北京师范大学出版社,2012:1.

出来。

"艺绘童年"是紧密联系生活的课程。生活中处处有美术,"艺绘童年"课程引导学生从生活中认识美术、走进美术,让美术丰富学生的生活,这样学生才能感受到美的意义,才能真正热爱美术,并学会从生活中发现美、创造美。

"艺绘童年"是提高审美修养的课程。"艺绘童年"课程让学生懂得用敏锐的眼睛去观察事物,用心去体会事物。通过对优秀艺术作品的鉴赏与模仿,学生在对这些美好的事物的亲身感受中,增强审美意识和生活情趣,激发对美术活动的爱好和兴趣。学生通过"艺绘童年"的学习,增强审美意识,促使身心得到健康发展。

"艺绘童年"是培养创新意识的课程。"艺绘童年"课程通过综合学习和探究学习,引导学生在具体情境中探究与发现,找到不同知识之间的关联,发展综合实践能力,创造性地解决问题。在课程的教学中鼓励学生大胆尝试,让学生在多次尝试与失败中自我进步,美术学习的兴趣比知识技法的学习更重要!

"艺绘童年"是丰富精神世界的课程。艺术教育的特点是以情动人、以情感人。"艺绘童年"课程的创作主题也离不开感情,美好的感情最能教育人,最能打动人,最能收到良好的教育效果。所以培养学生健康的、丰富的感情世界,是非常重要的教育内容。

基于此,我们将"艺绘童年"作为学校美术学科课程哲学,让儿童把艺术融入于思维与生活,让智慧绽放于情感与思想。

学科课程目标　健全人格,完美人性

《义务教育美术课程标准(2011版)》指出:"学生以个人或集体合作的方式参与美术活动,激发创意,了解美术语言及其表达方式和方法;运用各种工具、媒材进行创作,表达情感与思想,改善环境与生活;学习美术欣赏和评述的方法,提高审美能力,了解美术对文化生活的社会发展的独特作用。学生在美术学习过程中,丰富视觉、触觉和审美经验,获得对美术学习的持久兴趣,形成基本的美术素养。"[①]

艺术教育是学校教育的重要组成部分,艺术修养是学生基本素质的重要构成要素,艺术能使学生提高水平,培养特长,打造特色的思路,不断滋养学生的精神,涵育生命。"艺绘童年"课程的学习过程也是促使学生形成富有个性化的、独特的、稳定的、统整的行为模式、思维模式和情绪模式的过程,对学生今后的成长、发展,对塑造形成健全人格和完美人性,起着重要作用。

一、学科课程总目标

依据《义务教育美术课程标准(2011版)》结合我校实际情况,我校美术课程的目标初步确定为:充分发挥每个学生的主体性和创造性;学习各种美术语言的表达方式,运用媒材和工具进行创作,表达自己的思想情感;培养学生观察生活、提炼生活的能力,让学生逐渐尝试作品创作;让学生感受自然和艺术的美,提高审美能力;让学生在文化情境当中认识并形成健康的审美情趣,丰富审美经验,开阔视野;增强学生对美术学习兴趣的持久性,提高美术素养。

(一) 学科课程显性目标

"艺绘童年"课程的显性目标围绕美术教育理念、美术教育目的的具体体现,按照美术学科四大领域:"造型·表现""设计·应用""欣赏·评述""综合·探索",基于我校美术课程实施现状及学生发展水平而制定的,详情如下:

(1)"造型·表现"领域学习目标:认识线条、形状、色彩与肌理,能合理地运用这

---

① 中华人民共和国教育部. 义务教育美术课程标准(2011年版)[S]. 北京:北京师范大学出版社, 2012:6.

些元素并尝试不同的工具和媒材,把生活中的所见所闻用描绘、立体造型的方法表现出来。发展美术的构思与创作能力,表达思想与情感。

(2)"设计·应用"领域学习目标:了解形状与用途的关系,尝试使用不同工具,进行简单组合和装饰,体验设计和制作的乐趣。认识设计和工艺、造型和色彩,用手绘草图的方法表现出设计构想。在形态与功能中运用对比与和谐、对称与均衡的方法,设计和装饰图形与物品,感受设计和工艺与其他美术活动的区别。

(3)"欣赏·评述"领域学习目标:通过欣赏大自然景物以及中外美术作品,能够用语言或文字等多种形式对美术作品的内容进行分析,表达对美术作品的感受与理解。欣赏中外优秀美术作品,了解有代表性的美术家。通过描述、分析与讨论,学生能用简单的美术术语对美术作品的内容与形式进行分析,表达对美术作品的感受与理解。

(4)"综合·探索"领域学习目标:学生结合一至六年级其他学科的知识、技能,采用多种方式,进行美术创作与展示,并发表创作意图;体会美术与生活环境、美术与传统文化的关系。

(二)学科课程隐性目标

"艺绘童年"课程的隐性目标则围绕美术文化价值、美术态度、参与美术活动的动机以及习惯等方面而制定。"艺绘童年"四大领域的隐性课程目标如下:

(1)"造型·表现"领域学习目标:体验造型活动的乐趣,敢于创新与表现,产生对美术学习的持久兴趣。

(2)"设计·应用"领域学习目标:养成勤观察、善发现、会计划、能借鉴、精于制作的行为习惯和耐心细致、团结合作的工作态度,增强以设计和工艺改善环境与生活的愿望。

(3)"设计·应用"领域学习目标:提高对自然美、美术作品和美术现象的兴趣,形成健康的审美情趣,崇尚文明,珍视优秀民族美术、民间美术与文化遗产,增强民族自豪感,尊重世界多元艺术文化。

(4)"综合·探索"领域学习目标:开阔视野,拓展想象的空间,激发探索未知领域的欲望,体验探究的愉悦与成功感。

二、"艺绘童年"学科课程年级目标

根据《义务教育美术课程标准（2011版）》，结合美术学科的教学内容以及现有的学生情况，我们将义务教育小学阶段美术学科分成一至六年级来学习。

一年级"造型·表现"领域学习目标：初步认识形、色以及各种工具。引导学生体会不同笔触、不同画材赋予画面的不同效果，激发学生对卡通形象的感受，使学生在学习活动中能举一反三，进行探究；通过看看、画画、做做等方法，大胆自由地表现所见所闻、所感所想的事物，激发丰富的想象力与创造欲望，体验造型活动的乐趣。

一年级"设计·应用"领域学习目标：学生观察身边的物品，初步了解形状与用途的关系，观察、体验、了解身边物品的形状、色彩、尺寸和用途等。探索感知泥性，归纳几种基本的玩泥方法，并能借助其他媒材进行简单组合和装饰，引发丰富的想象，体验造型活动和设计制作活动的乐趣。

二年级"造型·表现"领域学习目标：学生在原有的美术基础上，增强多方面绘画能力，了解多种绘画方式；发现点、线、面的多种排列方式并且能灵活运用，在此基础上能大胆运用常用色；运用所学美术技法自由地表现所见所闻、所感所想，体验美术的多样性；增强发现美、鉴赏美和创造美的能力。

二年级"设计·应用"领域学习目标：对于低年级学生，超轻黏土捏塑起来更加舒服，更加有型，它还是一种新型环保、无毒、自然风干的手工造型材料。学生体验黏土这种特殊的材料，通过制作，培养制作兴趣和动手能力。本课程内容以培养学生动手能力和欣赏美、创造美的能力为主，并在活动中促进学生学习方式的转变，激发学生参与互动，让学生比较随心所欲地按照自己的意愿表现作品，展示自己。

三年级"造型·表现"领域学习目标：学习黑白手绘线描画的表现方法，运用夸张添加的造型方法，有兴致地进行"黑白手绘线描画"的创作，注重黑白灰的均匀分布和点线面的丰富组织，能善于观察与发现，提升思维和审美的品质，发展想象与个性化创造的能力，养成关注生活、巧妙创造生活的情趣，体会艺术创作的乐趣，培养认真细致和耐心。

三年级"设计·应用"领域学习目标：密切教学与生活的联系，培养学生发现身边物品的联想与创作，培养学生的观察能力和动手操作能力，培养学生的创新意识，使学生能够根据自己的生活进行创作；重新利用废旧物品，培养学生的节约、节能减排的意识;培养学生小组合作的意识和与同伴沟通交流的能力。

三年级"欣赏·评述"领域学习目标:理解中国水墨画"借物寓意"的造型理念,学会用国画写意的方法表现生活中物品的情趣,在体验写意画的笔墨情趣的同时抒发自己的情趣,通过对作品的赏析和评述、观察和比较、评价和总结,感受中国水墨画"借物寓意"的思想感情,体会中国水墨画的艺术魅力,使审美能力随之得到提高,增强民族自豪感。

四年级"造型·表现"领域学习目标:学生利用不同的材料工具,学习线条、形状、色彩和肌理的基本知识,通过看、画、做等方法用写生、记忆、想象和创造等方式来创作作品,表现情感。用不同媒材的颜料工具展开趣味性造型活动。

四年级"设计·应用"领域学习目标:学生通过了解形状与用途的关系,利用不同媒材通过造型、色彩、对比与和谐、对称与均衡等原理,手绘自己的设计构想,表达自己的感受,并根据物品的用途用立体模型的方法制作出来。

四年级"欣赏·评述"领域学习目标:欣赏符合四年级学生认知水平的中外美术作品,用语言或文字等多种形式描述作品,能够表达自己对美术作品的所感所想,了解作者的所感所想,加强对美术作品的理解,并了解其中的特点或寓意,能进行交流。

五年级"造型·表现"领域学习目标:注重美术课程与民族传统元素的关联,欣赏丰富的民族传统元素所具有的艺术特点和文化内涵,感受民族传统文化的形式美。能运用线条、形状、色彩、肌理等元素,用描绘和立体造型的方法,记录与表现传统文化中的美术元素,发展美术构思与创作的能力。学生在积极的情感体验中初步了解我国传统民族文化的辉煌成就;理解、掌握民族传统元素的基础知识,提高审美意识和审美能力;增强民族自信心和自豪感。

五年级"设计·应用"领域学习目标:通过讲述、欣赏中国民间美术,使学生了解什么是民间美术及民间美术的特点,了解我国丰富多彩的民间美术的表现形式、民间美术的艺术特征以及民间美术与民俗的关系。学生在实践中亲身体会民间艺术的创作过程,对中国民间艺术的优秀传统进行传承的同时深入理解民间艺术,拓宽美术学习范围,提高艺术实践能力和艺术创作能力,激发学生对我国丰富多彩的民间美术的喜爱之情,从而使学生热爱祖国的传统文化,增强学生的民族自豪感。

五年级"欣赏·评述"领域学习目标:激发学生对中国传统文化的兴趣,学习多角度欣赏和认识自然美和民族美术作品的材质、形式和内容特征,寻找中华魂魄,领略中华国宝不朽的价值与魅力。逐步提高视觉感受能力,掌握运用语言、文字和形体表达自己的感受和认识的基本方法,形成健康的审美情趣,发展审美能力。形成崇尚文明、珍惜优秀民族艺术与文化遗产、尊重世界多元文化的态度。

五年级"综合·探索"领域学习目标：通过欣赏中国民间年画的典型图例,给予学生视觉上的艺术感受。引导学生感受民间木版年画的形式美感和独特的色彩搭配,加深学生对民间木版年画的认识,了解年画制作的方法,能够用口头或书面的语言表达自己对年画作品的理解和感受。激发学生的民族自豪感,提高他们的审美素养。

六年级"造型·表现"领域学习目标：学生运用线条、色彩、空间、形状等造型元素,以描绘的方法,选择合适的工具,刻画我国的传统国粹文化,学习创作不同的民族作品。学生在积极的情感体验中初步了解我国传统民族文化的辉煌成就;理解、掌握民族传统元素的基础知识,提高审美意识和审美能力;增强民族自信心和自豪感。

六年级"设计·应用"领域学习目标：通过讲述、欣赏中国民间美术,使学生了解什么是民间美术及民间美术的特点,了解我国丰富多彩的民间美术的表现形式、民间美术的艺术特征以及民间美术与民俗的关系。培养学生对民俗文化的兴趣,激发学生对我国丰富多彩的民间美术的喜爱之情,从而使学生热爱祖国的传统文化,增强学生的民族自豪感。

六年级"欣赏·评述"领域学习目标：欣赏中国优秀美术作品,了解有代表性的艺术家。通过查阅资料、分组讨论,用简单的美术语言对美术作品进行分析,表达对美术作品的理解与感受。以比较、讨论等形式,欣赏不同种类的艺术作品,了解中华有价值的历史文化。认识中国戏曲文化、种类,感受戏曲中的民族文化,传承中华戏曲文化。

六年级"综合·探索"领域学习目标：学生结合一至六年级其他学科的知识、技能以及学校的活动,用多种美术媒材进行策划、创作与展示,体会美术与生活环境、美术与传统文化的关系。了解手影的有关知识,掌握手影的创作技巧。培养审美能力及表现美的能力,在生活中发现美和创造美。

学科课程框架　绘制艺术创想的蓝图

美术学科"艺绘童年"课程面向全体学生,设置丰富多彩的教学内容以满足不同年龄阶段的学生需求,既有利于培养学生学习美术课程的兴趣,也有利于激发学生发现美、创造美的情感。在深刻分析学科特点,准确把握课标的基础上,形成"艺绘童年"课程框架。

一、学科课程结构

依据《义务教育美术课程标准(2011版)》的设计思路,基于学校师资现状及生情特点,根据美术学科课程四大知识领域板块,围绕"绘美·童心""创意·生活""赏艺·空间""综合·索艺"四大主题,系统构建"艺绘童年"课程体系,具体结构详见图7-1。

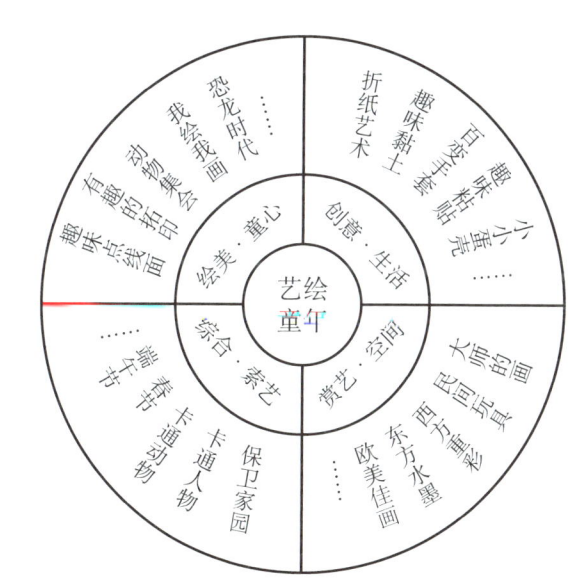

图7-1　金水区文化路三小"艺绘童年"美术课程结构图

1. "绘美·童心"课程群

童心是最真的,绘画是最美的,"绘美·童心"根据学生心理发展阶段和对线条、形状、色彩与肌理的认识,让学生利用多种元素并尝试不同的工具和媒材,把生活中的所见所闻表现出来,以培养学生的绘画兴趣、观察能力、表现能力、审美能力等多种协调能力,创作出符合学生心理发展的美术作品。

2."创意·生活"课程群

本课程是培养学生设计意识、敏锐的洞察力、细致的观察力、开阔的思维力的课程,能让学生了解设计与创意的知识、意义与价值,既蕴含传统文化,又可以彰显流行时尚;能够将生活、艺术紧密地联系起来,并且让学生善于发现问题,能针对特定问题进行构思和创意实践,将学科知识融入生动的课程内容中,密切联系社会生活,关注环境和生态,突出应用性、审美性和趣味性,使学生始终保持浓厚的学习兴趣和创造欲望。

3."赏艺·空间"课程群

本课程使学生掌握美术欣赏最基本的方法,不断提高学生的欣赏和评述的能力。通过让学生走出教室,观赏校园和所在地区的景色,丰富感官世界;通过让学生观看录像、画册,对中外优秀的艺术形象进行欣赏和讨论,从而对美术有深入的理解,拓展学生对美术理解的深度与广度。让学生欣赏自己和同学创作的美术作品,形成审美判断能力;了解、欣赏我国民间美术作品,感受造型和色彩的特点,崇尚文明,珍视优秀的民族、民间美术与遗产。

4."综合·索艺"课程群

本课程是综合性的美术活动,引导学生寻找美术各门类、美术与其他学科、美术与学生生活、美术与现实社会之间的连接点,设计出丰富多彩的作品。在教学过程中,应特别注重以学生为主体的研讨和探索,要求学生灵活运用各学科知识设计探究性活动方案,进行制作、表现和展示,唤起学生对未知领域的探究欲望。但是,"综合·索艺"学习领域要与综合"艺术"课程的学习相区别,注意保持美术自身的主要特色。

二、学科课程设置

围绕"让学生把艺术融入思维与生活"的课程理念,学校按照四大主题,6个年级12个学期,除国家基础课程外,开发设计"艺绘童年"各年级拓展课程(详见表7-1)。

表 7-1　金水区文化路第三小学"艺绘童年"拓展课程设置表

年级	主题	绘美·童心	创意·生活	赏艺·空间	综合·索艺
一年级	上学期	趣味点线面	折纸艺术	大师的画	餐盘大变身
	下学期	有趣的拓印	趣味黏土	大师的画	保卫家园
二年级	上学期	动物集会	百变手套	布老虎	卡通人物
	下学期	我绘我画	趣味粘贴	民间玩具	卡通动物
三年级	上学期	恐龙时代	小小蛋壳	西方重彩	春节
	下学期	小绘黑白	创意手工	东方水墨	端午节
四年级	上学期	哈哈镜	折花艺术	东方名作	生命之源——水
	下学期	色彩寻趣	创意手工	欧美佳画	美化教室
五年级	上学期	图画文章	彩衣飘	敦煌莫高窟	飞天计划
	下学期	百绘国粹	民间艺术	国宝会说话	解忧年画
六年级	上学期	美丽的瞬间	设计包装	抽象艺术	奥运福娃
	下学期	百绘国粹	民间艺术	传承中国	有趣的影像

学科课程实施 编织艺术人生的跑道

为了落实"让学生把艺术融入思维与生活"的学科理念,加强学生美术核心素养的培养,激发学生的艺术灵性,结合学校自身优势,"艺绘童年"课程的实施主要从以下五个方面入手:建构"艺绘课堂"、成立"艺绘社团"、开展"艺绘艺术节"、参加各级赛事以及课程评价。

一、建构"艺绘课堂",优化课堂教学

"艺绘课堂"是在"让学生把艺术融入思维与生活"的学科理念的基础上构建的美术学科特色课堂。"艺绘课堂"坚持以"儿童为中心",在课堂中,教师充分尊重学生的个体差异与天赋特长,尊重学生的主体地位,创设生动有趣的教学情境,精心设计教学流程,激发学生的学习兴趣与创作热情,有效推进"艺绘课堂"的构建与基础课程的实施。

(一)"艺绘课堂"的内涵与实施

"艺绘课堂"是教师运用自己的情智,多角度、多样化地对现有美术课程进行设计,充分调动学生的积极性,使学生情智交融,协调发展。其主要任务是体现"艺绘童年"的核心要素:让学生尝试各种工具、材料并享受制作过程;培养学生学习美术欣赏和评述的方法,拥有丰富的视觉、触觉和审美经验,体验美术活动的乐趣,获得对美术学习的持久兴趣;认识中国绘画这门传统艺术,感受中华文化的博大精深,继承传统文化的精髓,吸收民族文化的智慧,使中华优良传统文化艺术得以继承和发扬。在内容的选择上与时代相衔接,和时事联系;寻找一些学生没有注意到美的事物、景物,引导学生从不同的角度发现有趣的课题;把民间传统艺术引进课堂。在教学中倡导学生自主、合作、探究的学习方式。课前准备环节让学生利用互联网查阅、走访自己周围的艺术家或美术馆等。

二、"艺绘课堂"的评价要求

学校"艺绘课堂"教学紧紧围绕学科课程理念,重点从教学目标、教学设计、教学活动、教学效果四个方面进行系统评价,关注教师教学方式和学生学习方式的转变。详见评价量表7-2。

表7-2 金水区文化路第三小学"艺绘课堂"教学评价量表

学科		班级		时间		地点		分值
执教者		课题						
教学目标	学生以个人或集体合作的方式参与美术活动,激发创意,了解美术语言及其表达方式和方法。通过"艺绘童年"课程的学习,能够运用各种工具、媒材进行创作,表达情感与思想,提高审美能力。美术学习过程中,丰富视觉、触觉和审美经验,获得对美术学习的持久兴趣,形成基本的美术素养。							满分10分
教学设计	必须在绘画中体现构图饱满,内容丰富,赋予想象力和创造力。发挥学生的自主性、创造性、趣味性,体现"艺绘童年"的教学策略。							满分20分
教学活动	教师表现:教学思路清晰,设计富有创意,体现生本意识,教学过程清晰,脉络流畅自然,有利知能建构,教学预设充分,课堂生成精彩,学生参与积极,教学机智灵活,点拨引导到位,体现因材施教,教学风格鲜明,个性特点彰显,富有时代气息,尊重学生差异,关注学生情感,使学生体验成功喜悦。							满分25分
	学生表现:主动积极参与,有效合作学习,实现层次目标,交往融洽友好,敢于大胆创造、想象,课堂氛围和谐,学习情绪高昂。							满分25分
教学效果	基本实现教学目标:学习的主动性与创造性;有效的互动与合作;过程的实践性;美学素养的提升与审美的提高。							满分20分
评课意见								

二、成立"艺绘社团",激发学习兴趣

社团是学校文化的重要组成部分,是学生发展兴趣、培养特长、发挥潜能、内化素养的重要途径。为此,学校积极组织对美术学科兴趣浓厚的学生组建美术社团,充分利用各类资源,争取各方力量,扎实有效推进美术社团活动建设。

(一)"艺绘社团"的构成

我校"艺绘社团"主要由"餐盘汇世界""炫彩艺术"两大类社团组成。"餐盘汇世界"社团的学生主要源于三至六年级,活动时间为每周五下午第二节课。活动内容主要是在教师的指导下,一改以往在四方纸上绘画的形式,而改用在圆形的纸盘子上进行绘画、手工等创作。盘子采用的是价格便宜、方便购买的纸餐盘,既不像瓷质盘子那样易碎,又方便大家用各种工具进行创作。在盘面上进行创作的形式不局限于绘画,还可以进行手工制作等。而这些创作出的作品就成为了一件件精美饰品,可以装饰美化学生身边的环境。

"炫彩艺术"社团招收本校三至六年级学生,利用周五下午社团活动时间进行创作。社团活动以绘画为主,手工制作为辅。活动给学生自己创作作品的时间和空间,同时通过欣赏名人名画、名作提高其欣赏水平,配合进行手工创作教学,训练学生的动手能力和造型能力。有了一定的绘画基础后,再以想象为辅,引导学生将自己的想象用绘画语言表达出来。充分发挥学生好动、思维跳跃性强、善于模仿的特点,养成对听到、看到、感到的事物进行思考的习惯。

通过美术社团的活动,使学生的美术爱好得到更好的发展,进一步了解和掌握美术的基本知识、基本技能,培养学生的观察能力和创新思维能力,提高学生的审美能力。

(二)"艺绘社团"的评价要求

学校艺绘社团的评价重点从情感态度、合作交流、实践能力、成果展示四个方面13个评价要点进行系统评价(详见表7-3)。

表7-3 金水区文化路第三小学"艺绘社团"课程评价表

_____社团　　班级:_____　　姓名:_____

评价项目	评价标准	评价结果	有话要说
情感态度	1. 参与活动及表现	☺ 😐 ☹	
	2. 提出活动的设想、建议	☺ 😐 ☹	
	3. 克服困难和挫折	☺ 😐 ☹	
合作交流	1. 帮助同学	☺ 😐 ☹	
	2. 倾听同学的意见	☺ 😐 ☹	
	3. 对社团学习的贡献	☺ 😐 ☹	
实践能力	1. 会用多种方法搜集、处理信息	☺ 😐 ☹	
	2. 对美术的兴趣、动手参与	☺ 😐 ☹	
	3. 会与别人交流合作	☺ 😐 ☹	
	4. 掌握基本的美术知识与技能	☺ 😐 ☹	
成果展示	1. 活动过程记录	☺ 😐 ☹	
	2. 绘画作品	☺ 😐 ☹	
	3. 成果创意	☺ 😐 ☹	

注:"有话要说"部分可以是学生对自己本阶段学习后的记录、反思、收获或对自己的希望,也可以是教师写

下对学生的期望以及今后学习的意见和建议。

三、开展"艺会艺术节",落实学科素养

校内开展艺术节不仅能够发现、挖掘和推出优秀的青少年艺术人才,还能够提高学生的审美情趣,培养学生的艺术创新能力和实践能力,丰富校园文化生活,优化育人环境。

(一)艺术节日的实施途径

学校每年五月开展校园艺术节,并参与校园文化周展示及金水区艺术节展示。鼓励学生配合班主任,出好班级板报、美化校园环境等,使学生将兴趣与应用相结合,达到学以致用的目的。

活动内容:展现小学生热爱祖国、热爱人民、热爱生活的精神风貌和努力学习、勤于探索、敢于创新的青春风采。内容上要紧扣时代脉搏,弘扬中华民族优秀文化,开展具有时代特征、校园特色、学生特点的艺术活动。

活动项目:书法、绘画、手工制作。

(二)艺术节日的评价要求

艺术节日评价通过观察、记录和分析学生在节日活动中的表现,对学生的参与意识、合作精神、操作技能、探究能力、认知水平以及交流表达能力等进行全方位的综合评价。

活动表现评价可以采用个人、小组或团体的方式,既可以在学习过程中进行,也可以在学习结束后进行。给予学生恰当的反馈,以鼓励多样化的学习方式。

四、参加各级赛事活动,展示学生风采

美术赛事不仅为学生搭建了互相切磋的平台,也丰富了学生的校园生活,为他们互相学习、互相鼓励创造了很好的机会。

(一)艺术赛事的实施途径

美术比赛能够有效地提高学生的素质和能力。每年一度的科技创新大赛和艺术节比赛是一项比较重要的赛事。通过参加各类比赛,学生能产生极大的热情,对美术更加热爱。为能真正使学生学有所得,教师应勤于思考,大胆实践,最大限度地调动学生的积极性,将"艺绘童年"课程开展得丰富多彩、富有特色。

（二）赛事的评价方式

赛事的评价方式主要采用三种形式：联系日常生活，进行表现性评价；记录过程变化，进行成长性评价；考查学习水平，进行终结性评价。

1. 联系日常生活，进行表现性评价

由于赛事活动以满足学生的兴趣需求和发展学生的个性为价值取向，教师要多采用表现性评价，提供给学生真实的任务，以全面、真实、深入地评价学生发展的特点，使其主动参与评价，而不是消极适应，最终促进每位学生都能在已有知识的基础上获得积极的学习经历和丰富的情感体验。选出主题与形式结合好、视角独特、有创新的立意去诠释作品的主题、视觉效果好的作品在学校展示。

2. 记录过程变化，进行成长性评价

展示学生的比赛作品和学习成果，使其反思自身的变化与成长。记录学生所付出的努力，显示令人满意或不满意的学习经历，表明学生的学习方式和个性发展。

3. 考查学习水平，进行终结性评价

一项赛事结束后，要对学生的学习情况进行一个全面的考查，了解学生的实际学习水平，进行终结性的评价。

五、"艺绘童年"课程的评价

我校"艺绘童年"课程的评价主要是从评价理念、评价目标、评价内容三方面进行。

（一）评价理念

强调评价在促进学生发展方面的作用，不过分强调评价的甄别与选拔功能，拓展多样化的评价途径，多一把尺子衡量学生，采用质性评价和量性评价相结合的多重评价方式，增强学生的自信和自由，让学生发现自己的进步。

（二）评价目标

采取过程性评价与终结性评价相结合的方式，重视学生在活动、作业、讨论、展示等方面的表现，不以书面考试为唯一的评价方式。通过课堂评价，加深教师对课堂的深入理解，完善课堂的构成要素，不断丰富总结经验，夯实基础，实现教学的最优化。

（三）评价内容

平时表现＋美术作品呈现＋小组合作成绩

1. 课堂课型丰富多样

为发展学生的学科核心素养,创设平等、民主、和谐的易学、乐学课堂形态。以小组合作学习、互联网学习等多种方式,让学生在美术课堂中体验学习的乐趣,找到属于自己的学习成就。通过丰富的视觉、触觉和审美经验,学生体验美术活动的乐趣,了解基本美术语言的表达方式和方法,表达自己的情感,提升创造精神,发展美术实践能力,形成基本的美术素养,陶冶高尚的审美情操,完善人格。

2. 学习方式灵活多样

针对学生的基础差异、多样个性、美术表现能力不同,以及学习方式、学习习惯存在差异等实际情况,教师应尝试灵活多样的学习方式。

3. 特色课堂形成品牌

美术课程以对视觉形象的感知、理解和创造为特征,凸显视觉性。学生在美术学习中积累视觉、触觉和其他感官的经验,发展感知能力、形象思维能力、表达交流能力。美术课程具有实践性。学生在美术学习中运用传统媒介或新媒体创造作品,发展想象能力、实践能力和创造能力。美术课程追求人文性。学生在美术学习中学会欣赏和尊重不同时代和文化的美术作品,关注生活中的美术现象,涵养人文精神。美术课程强调愉悦性。学生在美术学习中自由抒发情感,表达个性和增强自信心,养成健康人格。

(撰稿人:赵星　李鸽　申娟娟　吴瑞　姜迪　高月)

第八章

生命荣耀：点燃未来的梦想

艺术点亮人生，梦想成就未来。艺术的浸润，唤醒生命无限的可能；艺术的熏陶，诠释生命无限的美好。契诃夫说："艺术给我们插上翅膀，把我们带到很远很远的地方。"每个儿童都有一个梦想：小画家的梦想、小舞蹈家的梦想、小雕塑家的梦想……一个个幼小的苗儿，孕育着生命成长的神奇，包裹着梦想的力量。在儿童心灵深处播撒美的种子，用艺术的养分滋养美的生长，搭建小小的舞台让美走得更远，长得更赞，融入生命的深邃，点燃未来的梦想。

艺术,能够奏响梦想最优美的旋律。郑州市金水区第一幼儿园艺术领域学科教研组共有教师19名,均具有本科以上学历,平均年龄30岁,其中,有12名中级教师,8名市级骨干教师。教研组的教师朝气蓬勃,热爱艺术,在歌唱、舞蹈、乐器、绘画等方面均有建树,为课程品质的提升做好了坚实的师资保障。在我园品质课程建设的逐步完善下,艺术领域教研组结合我园实际情况,建构"小明星"艺术领域课程体系。

领域课程哲学　孕育多彩明星梦

《3—6岁儿童学习与发展指南》(以下简称《指南》)中指出:"艺术是人类感受美、表现美和创造美的重要形式。"根据幼儿发展的需要和特点,教研组对幼儿进行有目的、有计划、有组织的音乐和美术教育,帮助幼儿在艺术活动中建立以艺术创作为中心的审美心理结构,从而提高他们的审美素质,促进人格完善和社会性发展,最终建立了我园艺术领域的"小明星"课程群。

一、艺术领域课程价值观

"小明星"艺术领域课程群以幼儿美育发展为核心,围绕"多彩艺术"展开艺术领域的教学。艺术是美的象征,它体现着人类对美的追求,艺术作品也体现了人类对美的认知和创造。幼儿园阶段的艺术教育,就是帮助幼儿实现小小明星梦。

二、艺术领域课程理念

以"实现小小明星梦"为宗旨,以"多彩艺术"为基础理念,教研组努力打造"小明星"艺术领域课程品牌,全面提升幼儿的艺术素养。"小明星"艺术领域课程群,旨在充分提升幼儿的艺术素养,在原有的基础上促进每个幼儿的发展,使每一个幼儿都成为艺术领域的"小明星",使幼儿通过对多彩艺术的感受和体验,实现小小明星梦。

"多彩艺术"是一种感性的教育,是一种满足幼儿对美的情感需求的教育。幼儿喜欢美术和音乐,对艺术有着天生的爱好,通过多种艺术形式在情感上感知世界,并与他人进行情感交流。

"多彩艺术"是一种启发的教育,是以启发幼儿创造能力为核心的教育。每个幼儿都有艺术创作的潜能。在幼儿的艺术作品中,经常出现不合逻辑的想法、不成比例的形状和随意排列的空间构图,这些都是幼儿解构了自己的经历,并通过大胆的想象创造出来的。

"多彩艺术"是一种操作的教育。这是一项培养幼儿多方位协调能力的教育。在感受和创造美的过程中,幼儿需要多方位地协调,自己去想象和理解,并处理艺术作品,用画笔、音乐、操作材料来表达感情。因此,幼儿艺术教育应该为幼儿提供充分的操作机会。

总之,艺术领域教育是学前教育中必不可少的一部分,金水一幼的全体艺术教研组教师将尊重幼儿的年龄发展特点,遵循艺术领域的发展规律,探索研究"小明星"课程下"多彩艺术"的课程哲学,助力幼儿实现小小明星梦,奏响梦想最优美的旋律。

领域课程目标 喜美知美,抒美创美

基于"多彩艺术"的领域基础理念,根据国家教育部《指南》《幼儿园教育指导纲要》等幼教领域的政策文件精神,结合我园推行的课程理念及实施过程中的实际情况,现将"小明星"艺术领域课程群的总目标进行具体阐述。

一、艺术领域课程总目标

每个幼儿都有梦想的种子,我们可以通过启迪美的梦想、培育美的梦想、助力美的梦想来促进幼儿综合艺术素养的发展。设置艺术领域的课程,关键是创造艺术条件下体验美、感受美的机会,使幼儿体验周边的自然环境,感受身边的艺术文化,以此丰富幼儿的想象力和创造力,用心去感受美、发现美,从而做到自己展示美、创造美,达到尚美的最终目的。据此,我们设定以下课程的总目标:

喜美:通过感受身边的美,激发参加艺术活动的兴趣。

知美:通过参加各项艺术类活动,提升表达、欣赏艺术的能力。

创美:运用所拥有的艺术经验,助力美的展示和创新。

二、艺术领域课程年龄段目标

依据《指南》对艺术领域的要求,以及艺术领域独有的学科特点和我园实际,"小明星"艺术领域课程群又分为音乐与美术两部分。详情见表8-1、表8-2。

表8-1　金水区第一幼儿"小明星"艺术领域课程群音乐活动年龄段目标

年龄段	目标
小班	1. 对周围好听的声音有兴趣。 2. 喜欢听音乐或看舞蹈艺术表演,并愿意模仿。 3. 爱唱简单的小歌曲,能跟着音乐自由律动。能用各种方式,模拟自然界的情景。
中班	1. 爱听美妙的声音,能够感受到声音的不同变化。 2. 经常唱歌跳舞,愿意参加歌唱、韵律、舞蹈、表演等活动。 3. 能够专注观看文艺表演,有模仿或参与的欲望。能够以自然、适度的声音歌唱。
大班	1. 愿意模仿自然和生活环境中特有的声音,并产生相应的联想。 2. 能用基本准确的节奏和音调唱歌。能用律动或简单的舞蹈动作表现自己的情绪或自然界的情景。 3. 积极参与艺术活动,能在活动中与他人相互配合,也能独立表现。

表8-2 金水区第一幼儿"小明星"艺术领域课程群美术活动年龄段目标

年龄段	目标
小班	1. 喜欢看哥哥、姐姐的画。 2. 喜欢自然界美丽的风景。 3. 能用简单的线条和色彩大体画出自己想画的人或事物。
中班	1. 观察周围的事物时,能够发现其美的特征。 2. 使用绘画、揉捏、手工制作和许多其他方式来表达自己看到的和想到的。 3. 能用艺术作品表现自己观察到的或想象到的事物。
大班	1. 愿意收集美的物品或向别人介绍所发现的美的事物。 2. 愿意分享、交流自己喜爱的艺术作品。 3. 能够用多种工具表达感受和想象。能用自己的美术作品来装饰环境、美化生活。

总之,我们将围绕以上课程目标,发展幼儿的学科核心素养,培养具有喜美、识美、创美等各项能力的全面发展的幼儿。

领域课程框架　架构多彩艺术梦想

"小明星"艺术领域课程群按照课程内容进行分类、架构,旨在培养幼儿具有初步感知艺术所需要的认知基础、技能基础,同时激发幼儿的兴趣、提升其能力,使其达到对美的创新和运用的水平。

一、艺术领域课程结构

根据《指南》中对艺术领域的目标要求及内容划分,我们将艺术领域课程分为感受与欣赏、表现与创造两大维度。同时针对各年龄段的阶段性目标,再结合幼儿园的课程资源情况,本着以幼儿为本的原则,我们将课程具体分为了"小百灵"(歌唱)、"小工匠"(手工)、"小画家"(绘画)、"小戏迷"(戏曲)、"小精灵"(乐器)、"小孔雀"(韵律)六大部分。具体内容见图8-1。

图8-1　金水区第一幼儿园"小明星"艺术领域课程群结构图

(一) 小百灵

"小百灵"课程内容为歌唱,以儿歌的演唱为主,附加中外乐曲欣赏,以及河南地方特色音乐,使幼儿从歌曲中获得爱朋友、爱父母、爱家乡、爱祖国、爱自然等情感体验。

(二) 小工匠

"小工匠"为手工课程,包含纸艺类、泥塑类、编织类、创意材料类四大类内容,在课程中锻炼幼儿的动手能力、发散思维,使其学习与他人合作,促进幼儿的手眼协调能力。

(三) 小画家

"小画家"为绘画类课程,以培养幼儿的美感为主,辅以中外历史优秀艺术作品欣赏,帮助幼儿提升美的体验。同时,使幼儿通过绘画表达情感,提升自信心、自我创新力,提高对绘画艺术的兴趣。

(四) 小戏迷

"小戏迷"为戏曲类课程,包含戏曲欣赏、戏曲模唱、戏曲表演等内容。中华戏曲文化是中国传统艺术,剧种丰富,形式多样。河南豫剧又是中华戏曲的五大剧种之一,身为河南娃,通过课程接触戏曲类内容,从小培养幼儿爱家乡、爱祖国的情感。

(五) 小精灵

"小精灵"为乐器类课程,包含奏乐、欣赏等内容。通过课堂教学活动,培养幼儿对音乐的理解感知能力、节奏感,树立合作意识。带动幼儿全身心地投入音乐活动中,在音乐中获得提高和发展。

(六) 小孔雀

"小孔雀"为韵律类课程,主要内容有音乐律动和舞蹈。其中舞蹈又包含幼儿舞蹈、民族舞蹈、国外舞蹈及优秀舞蹈作品欣赏等。通过韵律活动的组织与实施,发展幼儿动作的协调性和灵活性,感受音乐,陶冶情操。

二、艺术领域课程设置

针对本园各年龄阶段幼儿发展的特点,将"小明星"艺术领域课程群具体内容进行划分,详见表8-3。

表8-3 金水区第一幼儿园"小明星"艺术领域课程群设置表

年龄段	学期	内容					
		小百灵	小工匠	小画家	小戏迷	小精灵	小孔雀
小班	上	我爱我的幼儿园 老鼠上灯台 我爱我的小动物 小青蛙躲猫猫 新年好 哈罗歌 拔萝卜 香香的粥	长长的面条 有趣的饼干 贺卡 甜甜的棒棒糖 彩色玻璃窗 水果娃娃 秋天的树林	小花被 石榴 花儿朵朵 哥哥姐姐的画 神奇的油画棒 漂亮的衣服 有太阳的天空 雨中的幼儿园	小仓娃 穆桂英挂帅	小手变变变 这是小兵 蔬菜汤	小手爬 小鸭子 网小鱼 找朋友

(续表)

年龄段	学期	内容					
		小百灵	小工匠	小画家	小戏迷	小精灵	小孔雀
	下	两只小小鸭 小象 春天 袋鼠 好娃娃 两只老虎 小鸡出壳 袋鼠妈妈	有趣的饼干 水果娃娃 大米饭 糖果 图形灯笼 桃花开了 花园	有籽的西瓜 小鸭子游水 鞋底的秘密 设计糖纸 春天的樱花树 七色太阳 柳树姑娘 可爱的我	抬花轿 牡丹亭	新年好 大雨和小雨 两只老虎	猴子爬树 大象和小蚊子 赶走小怪兽 小兔捉迷藏 好饿的毛毛虫
中班	上	顽皮的小猴 哈哈镜 头发肩膀膝盖脚 懒惰虫 幸福的猪小弟 三只带斑点的小青蛙 扮家家 听 收蛋咯 月亮婆婆喜欢我 风儿 郊游 小茶壶 雁儿飞 拍手唱歌笑呵呵 雪花和雨滴	暖暖的地毯 美丽的窗花 冬天的树 奇妙的七巧板 饭勺娃娃 好朋友的脸 纸袋玩偶 树叶照片 说唱陶俑 兔儿爷 糖果的新衣 阿福 秋景	红黄蓝的构成 秋天的树 漂亮的毛衣 有趣的脚印 变来变去的影子 笑得露出牙齿的脸 哭泣的女人 细长细长的我 秋菊 黑白鸟 我设计的围巾 一片大大的树叶 树叶变变变	编花篮 卖水 空城计	瑶族舞曲 爷爷为我打月饼 库企企 玛丽摘香蕉 小看戏 爆米花	滑稽的脚先生 谁是小熊 鸭子上桥 萨拉 欧拉拉 蓝鸟 捉螃蟹 摘果子 卷炮仗
	下	胡说歌 三只小猴 蘑菇伞 小兔和狼 小蝌蚪 摘草莓 爱干净的浣熊 如果我是一片云 勤快人和懒惰人 大馒头 小老鼠打电话 迷路的小花鸭	动物玩偶 小鸭戏水 种子粘贴画	运动的人 我的脸 漂亮的蝴蝶	朝阳沟 霸王别姬 贵妃醉酒	郊游 小红帽 荷包蛋 加油干 大公鸡和小青虫	小雨和花 伙伴舞 猫和老鼠 酸奶和饼干枪 大象和小蚊子 大花猫和小老鼠 赶花会 桃花朵朵开 绿毛虫 毛毛虫变蝴蝶 蛋糕和蜡烛

第八章　生命荣耀：点燃未来的梦想

(续表)

年龄段	学期	内容					
		小百灵	小工匠	小画家	小戏迷	小精灵	小孔雀
大班	上	拉拉勾 礼貌歌 秋天多么美 胆小鬼 幸福拍手歌 国旗多美丽 中国我爱你 小树叶 都睡着了 羞答答 黄鼠狼给鸡拜年 小熊过桥 小木马 长大要当解放军	我们一起做月饼 贺年卡 送给弟弟的太阳帽 送给妹妹的裙子 京剧脸谱 制作唐装 青花瓷瓶 染纸 花链 拨浪鼓	正在落叶的树 橘子红了 蚂蚁搬家 大哭中的弟弟妹妹 哈哈镜中的弟弟妹妹 带着弟弟妹妹一起玩 城门、城墙 青花瓷瓶 少数民族服饰 静物 水果 农民画 大大的南瓜 我在荡秋千 农贸市场 广场上的人群	京剧脸谱 智取威虎山 梨花颂	拔根芦柴花 木瓜恰恰恰 爵士进行曲 大中国 猫虎歌 苹果送给老师尝	熊和石头人 切西瓜 炒豆豆 北京的金山上 滑稽娃娃 矮人和玉米 葡萄丰收 逛公园 魔法师的学徒
	下	小狗抬花轿 小鱼的梦 买菜 捏面人 戏说脸谱 柳树姑娘 歌唱春天 锄草 下雨天也有好心情 动物猜谜歌 超级值日生 雨点跳舞 小青蛙 小兔跳跳跳 龟兔赛跑 毕业歌	闹花灯 舞龙 鸭蛋网 中国结 星月夜 放风筝 渔网 燕鱼 快乐的我 我的百宝箱 全家福 纸面具 毕业相框 毕业纪念册	过大年 我爱北京天安门 我班的种植地 盛开的油菜花 一片蝴蝶花 水墨画 快乐的春游 扑蝴蝶 打预防针 宝塔和亭子 母鸡和小鸡 我是值日生 小蝌蚪找妈妈 参观小学 快乐的游戏 我们的舞台 我们爱运动 我长大了做什么	刘海砍樵 苏三起解 天上掉下个林妹妹	雷神 花好月圆 欢乐的鼓 杂技表演	包饺子 顽皮的小绅士 快乐的圈圈 春晓 山狗和臭鼬 野蜂飞舞 三只小猪 男儿当自强 狡猾的狐狸在哪里

领域课程实施 点燃艺术的梦想

为达到"小明星"课程群喜美、识美、创美的总体目标,贯彻"多彩艺术"的基础理念,落实课程体系内容,丰富幼儿的幼儿园文化生活,发展幼儿的兴趣与特长,促进幼儿的全面发展,教研组通过多种课程组织形式相结合的方式,落实"小明星"艺术领域课程群的实施。课程实施具体有"多彩课堂""多彩社团""多彩生活""多彩游戏""多彩艺术节"五个途径。

一、构建"多彩课堂",打造艺术生活

以已有课程为抓手,引进优质教育资源,通过丰富优秀的课程将幼儿艺术教育系列化、常态化,使幼儿的艺术审美能力得到专业化的指导和提升。

(一)"多彩课堂"的内容与组织形式

1. "多彩课堂"的内容

幼儿的一切经验都是源于生活并用于生活的。"多彩课堂"的内容依据《指南》的要求进行设定,参考北京少年儿童出版社出版的《主题活动》和南京师范大学出版社出版的《幼儿园渗透式领域课程》。内容是从"感受和欣赏""表现和创作"两大主题中选择和设定的,并结合我园幼儿的实际需要进行调整,也加入了我园在不断实践中积累的一些原创活动案例。

2. "多彩课程"的组织形式

班级任科教师利用每周的教育活动时间进行"小明星"艺术领域课程群"多彩课堂"的实施。每周固定四个课时,进行音乐、美术各两次的教育活动及艺术引领,具体的实施时间由班级任科教师根据进度表进行安排。

(二)"多彩课堂"的评价要求

课程组拓展了多样化的评价途径,采用多种评价方法,结合过程性评价和总结性评价,从而进一步提升幼儿对美的表达与创造。

其中,过程性评价的主要内容是活动中评价,包括活动过程中教师对幼儿的评价以及听课教师对执教教师的评价两部分,通过教师的课后反思及听评课记录予以体现。我们设计了"多彩课堂"教学评价指标,根据评价对象的不同,分为对教师的评价和对幼儿的评价。对教师的评价分为教师自评、教研组评价和家长评价三个部分。教师自评通过每次活动后教师的教育反思体现,一"课"一反思,每月的艺术教育活动中,选择其中的一次进行重点反思。教师在活动过程中的自我反思,对课程及教师本身来说,都是一个提升的过程,并且是考核课程建设和推进的重要指标,占总评价的20%。

另一方面,园领导通过听课的方式对执教教师进行评价,作为期末教研组对教师进行评价的另一组成部分,占评价的20%。

在学期末对家长进行问卷调查,对幼儿本学期在艺术领域的活动中的发展情况进行评价,占总评价的20%。最重要的是班级教师对幼儿发展的情况做出的评价,占总评价的40%。

在对幼儿的测评上,依据《指南》的要求,教研组从情感与态度、行为与习惯、能力与发展三个方面设置艺术领域基础课程的评价指标,具体见表8-4。

表8-4 金水区第一幼儿园"小明星"艺术领域课程群"多彩课堂"幼儿发展评价指标

年龄段	学期	情感与态度	行为与习惯	能力与发展
小班	上学期	1. 喜欢参加各式各样的艺术活动。 2. 容易被自然界各种好听的声音和美丽的景色吸引。	1. 爱自己唱歌,喜欢模仿有趣的动作和声音。 2. 喜欢绘画、手工并享受过程。	1. 能模仿学唱短小歌曲。 2. 能画出简单的线条和色彩。
小班	下学期	1. 喜欢观看音乐表演或其他艺术形式的美术作品。	1. 可以用声音、动作、姿态模拟自然中的情景。 2. 能用简单的线条和色彩大体画出自己想画的人或事物。	1. 会跟随熟悉的音乐做出身体动作。 2. 能用声音、动作、姿态模仿自然界的事物。
中班	上学期	1. 在欣赏自然界和生活环境中美的事物时,关注其色彩、形态等特征。 2. 能够专心地观看文艺演出,有模仿或参与的欲望。	1. 经常唱唱跳跳,愿意参加歌唱、律动、舞蹈、表演等活动。 2. 经常用多种方式表达自己的所见所想。	1. 能完整地演唱歌曲。 2. 能有基本的节奏感。 3. 能用绘画工具画出完整的线条或图案。
中班	下学期	1. 喜欢好听的声音,感知声音的变化。 2. 在欣赏艺术作品的时候,能够产生联想和情绪。	1. 能用自然的、音量适中的声音演唱。 2. 能用艺术形式表现自己观察到或想象到的事物。	1. 能给自己熟悉的歌曲编词。 2. 能画出自己想象的事物。

(续表)

年龄段	学期	情感与态度	行为与习惯	能力与发展
大班	上学期	1. 愿意收集美的物品，同时愿意向别人展示所发现的美的事物。 2. 愿意模仿周围环境中有特点的声音，并产生联想。	1. 艺术活动中能独立表现，也能与同伴合作完成。 2. 能独立完成自己的艺术作品。	1. 能用基本准确的节奏和音调演唱。 2. 能用多种工具、材料表达自己的感受。
	下学期	1. 愿意参加艺术活动，有自己喜欢的艺术形式。 2. 艺术欣赏时能用自己的方式表达自己的理解。	1. 乐于向别人展示自己的艺术作品。 2. 能在每一次艺术活动结束后将所用物品放回原处。	1. 能自编自演故事。 2. 能用自己的美术作品装饰环境。[①]

二、打造"多彩社团"，营造艺术氛围

除了"多彩课堂"之外，为促进幼儿艺术素养的提升，在艺术领域内容的框架下，我们还设立了"多彩社团"。"多彩社团"以加强幼儿各个单项技能为目的，在幼儿园内统一规划社团活动时间，把选择权交与幼儿，让幼儿自主选择自己喜欢、感兴趣的社团内容，进行社团活动的学习。

（一）"多彩社团"的内容与组织形式

根据幼儿年龄特点及兴趣爱好，分阶段开展艺术社团活动。学前阶段的幼儿好动活泼，艺术课程的设置和开展主要以有趣、操作性强的内容为主，引导幼儿积极参与舞蹈、绘画、手工等活动。"多彩社团"具体有"小精灵"（音乐）、"小孔雀"（舞蹈）、"小工匠"（手工）、"小画家"（绘画）、"小巧手"（泥塑）等社团。

（二）"多彩社团"的评价要求

1. 过程性评价，权重60%

教师通过评估幼儿在活动过程中的表现进行评价，具体分为：根据幼儿的表现给予的具体口头表扬、肯定、拥抱等；根据幼儿在活动中的具体情况发放的奖贴等。

---

① 参照《3—6岁儿童学习与发展指南》。

2. 终结性评价,权重40%

针对各个社团的内容形式,设置社团活动终结性评价表。

(1)"小精灵"社团活动评价

对"小精灵"社团活动的终结性评价通过"小精灵"社团幼儿发展评价表进行,具体情况见表8-5、表8-6。

表8-5 金水区第一幼儿园"小精灵"社团中班评价表

姓名\维度	情感与态度		行为与习惯			能力与发展		
	对好听的声音有兴趣,能听出声音不同的变化。	喜欢参加集体奏乐活动,能发现、表述合作演奏的乐趣。	具有良好的整理乐器习惯。	乐于参与奏乐活动,能自主选择乐器进行演奏。	知道爱护乐器,在停止演奏时正确放置乐器。	能够利用身体和物体敲打节拍和基本节奏。	动作协调灵敏,能根据指挥手势敲击乐器。	能看懂图谱并根据节奏准确敲击乐器。
汇总								

注:优秀 ☺ ☺ ☺   良好 ☺ ☺   一般 ☺

表8-6 金水区第一幼儿园"小精灵"社团大班评价表

姓名\维度	情感与态度		行为与习惯			能力与发展		
	愿意乐器模仿自然中有特点的声音,并产生相应的联想。	积极参与集体奏乐活动,能发现、表述合作演奏的乐趣。	具有良好的整理乐器的习惯。	乐于参与奏乐活动,能自主选择乐器进行演奏。	演奏时能与他人相互配合。	能用律动或简单的舞蹈动作表现乐曲,准确敲击节奏。	能根据指挥手势敲击乐器,与同伴合作演奏。	具有认识图谱的能力,能根据图谱内容准确敲打节奏。
汇总								

注:优秀 ☺ ☺ ☺   良好 ☺ ☺   一般 ☺

(2)"小孔雀"社团活动评价

依据幼儿在社团活动中的表现,从健康、学习、艺术、团队、结课五个方面,通过评价表的方式进行终结性评价。详见表8-7、表8-8。

表8-7　金水区第一幼儿园"小孔雀"社团中班评价表

序号	姓名	健康	学习	艺术	团队	结课	
		身体运动技能(对幼儿身体协调性、灵活性、体能状况的考量)	积极性(是否愿意参与此活动,有否具有热情)	音乐认知能力(对音乐节拍、音乐类型是否敏感)	合作意识(对幼儿是否有团队合作意识和帮助他人意识的考量)	上学期八个单元的掌握情况	下学期八个单元的掌握情况
1							
2							
3							

注:优秀 ☺ ☺ ☺　良好 ☺ ☺　一般 ☺

表8-8　金水区第一幼儿园"小孔雀"社团大班评价表

序号	姓名	健康	学习			艺术		团队	结课	
		身体运动技能(对幼儿身体协调性、灵活性、体能状况的考量)	观察能力(是否具备通过观察老师、同学来进行学习的能力)	学习能力(幼儿对舞蹈的掌握情况)	积极性(幼儿是否愿意参与此活动,有否具有热情)	音乐认知能力(对幼儿对音乐节拍、音乐类型是否敏感的考量)	舞蹈(对幼儿舞蹈功底的考量)	合作意识(对幼儿是否有团队合作意识和帮助他人意识的考量)	上学期八个单元的掌握情况	下学期八个单元的掌握情况
1										
2										

注:优秀 ☺ ☺ ☺　良好 ☺ ☺　一般 ☺

(3)"小画家"社团活动评价

"小画家"社团活动以综合性评价为主,教师在幼儿绘画的过程中对每个幼儿进行过程性记录,不仅关注幼儿技能方面的发展,更要重视保护幼儿的兴趣和对其创意的鼓励。可采用师幼互评、幼幼互评、幼儿自评的方式。幼儿通过对作品的讲述,表达对艺术作品的创意和理解,提升审美水平,使其获得一定的满足感,激发对绘画活动的兴趣和欲望。评价表详见表8-9。

表8-9　金水区第一幼儿园"小画家"社团评价表

评星标准 姓名	色彩	线条	创造力	构图

注:优秀 ☺ ☺ ☺　良好 ☺ ☺　一般 ☺

(4)"小工匠"社团课程评价

在活动中,教师要鼓励幼儿进行大胆创作,活动结束后可将全部的幼儿作品一件件展示出来,让幼儿之间相互欣赏交流,引导幼儿说出自己的想法,学习他人的长处,教师及时给出提升的建议,使其得到满足感,激发幼儿对手工活动的兴趣。评价内容详见表8-10。

表8-10　金水区第一幼儿园"小工匠"社团评价表

评星标准 姓名	色彩	造型	创造力	技能

注:优秀 ☺ ☺ ☺　良好 ☺ ☺　一般 ☺

(5)"小巧手"社团课程评价

"小巧手"轻泥社团课程的评价表具体见表8-11。

表8-11　金水区第一幼儿园"小巧手"社团评价表

评星标准 姓名	细心观察	细致操作	想象创造	欣赏表达

注:优秀 ☺ ☺ ☺　良好 ☺ ☺　一般 ☺

三、建立"多彩生活",发展家园共育

在社会生活中,幼儿对美的感受和欣赏对其艺术性发展的影响是极为重要的,通过家园共育的方式,一方面逐步提升家长对艺术的理解,另一方面通过家庭教育巩固幼儿对艺术的创造与表达,两者相互依存,缺一不可。基于此,家园互动也是"多彩艺术"课程群中一个重要的实施途径。

(一)"多彩生活"的内容与组织形式

《指南》中指出:"创造条件让幼儿接触多种艺术形式和作品。"社会上有很多艺术活动和丰富的艺术资源,可以萌发幼儿对美的感受和体验,这些活动难以通过幼儿园的日常教学来实施,所以此项任务需要家长的协助来完成。

一是根据"多彩艺术"课程进度,利用家园沟通平台布置活动任务,请家长利用闲暇时间带幼儿参加各类艺术展、画展、戏剧表演、传统民间艺术等活动。

二是在家进行可实施的艺术类活动,如家庭合唱、亲子手工制作等。

(二)"多彩生活"的评价要求

在进行家庭艺术类活动后,留下过程性图片和幼儿自主记录性绘画,收集成册,以集邮的方式进行记录。每学年一总结,每班评比出"多彩生活"之星,由班级进行奖励。对家长进行问卷式调查,收集反馈意见。详见表8-12。

表8-12 金水区第一幼儿园"多彩生活"家长问卷调查表

1. 您的孩子今年参加了多少次"多彩生活"的活动?
2. 您认为您的孩子参加"多彩生活"活动后有什么样的变化?
3. 除幼儿园已有的艺术活动外,请您推荐一个您的孩子最喜欢的社会性艺术活动。
4. 请简要写出您参加"多彩生活"活动后的感想和建议。

四、组织"多彩游戏",用艺术点缀一日生活

有人说:"游戏是幼儿的第二生命,是幼儿的第一所学校。"游戏是儿童产生高级心理现象的重要源泉,是儿童社会化的重要途径。游戏是幼儿园基本的教育活动。幼儿园的活动都是以游戏为基础开展的,在艺术领域,我们为幼儿创造了丰富、自由、有规则的游戏环境。

(一)"多彩游戏"的内容与组织形式

"多彩艺术"课程群包含了很多类别的音乐游戏,如律动游戏、歌唱游戏、绘画游戏等。在不占用"多彩课堂"时间安排的前提下,利用幼儿园一日生活的空余等待时间,由任课教师带领幼儿进行游戏。教师根据计划设计游戏,撰写游戏方案,记录在册,每周定期实施。

(二)"多彩游戏"的评价要求

教师在实施过程中观察幼儿反应,进行总结,游戏活动后撰写游戏反思,交由保教主任进行批改,再针对各班幼儿情况进行下一次游戏方案的调整。"多彩游戏"记录表详见表8-13。

表8-13　金水区第一幼儿园"多彩游戏"记录表

游戏名称
游戏准备
游戏过程
游戏评价

五、举办"多彩艺术节",活跃校园艺术氛围

除以上途径外,定期开展"多彩艺术节"活动,给全体幼儿提供相互交流、欣赏的平台。从班里走出去,看看比自己年龄大或小的同伴都在学习什么艺术内容,从而拓展幼儿的眼界,提高幼儿的审美水平。

(一)"多彩艺术节"的内容与组织形式

活动在每学期期末举行,上学期以元旦节日联欢为载体,各班准备画展、节目和各类艺术游戏;组织游园活动,欣赏节目、观看画展、参与游戏。下学期以六一儿童节为载体,准备画展、节目,搭建舞台,给每一个幼儿展示自我的机会。

(二)"多彩艺术节"的评价要求

对于"多彩艺术节"采用综合评价法进行评价,从幼儿的投入程度、家长的反馈、教师的观察得出评价结果。在活动后由教研组召开教研会议,进行总结分析,再调整下一次的活动方案,以此不断成长、不断进步。

艺术领域的学科建设任重而道远,该学科的教学是幼儿美育发展的基础。我们要敢于前进,不断总结,让幼儿在艺术课程中自由飞翔,让美妙的艺术陪伴幼儿健康成长。相信在学校领导的关怀下,在"梦想课程"的引领下,教研组坚持以幼儿为本的教学理念,努力在艺术领域走出一条富有金一幼特色的学科建设之路。我们坚信:目标已经明确,方案已经确定,只要能够坚定不移地走下去,就一定能让"小明星"艺术领域课程群开花结果。

(撰稿人:杨其格　海　茹　田　洋　冯倩楠　陈　阳)

后 记

成书期间,中共中央、国务院印发《关于深化教育教学改革 全面提高义务教育质量的意见》(以下简称为《意见》)。《意见》坚持"五育"并举,着力解决素质教育落实不到位的问题;在突出德育实效、提升智育水平、强化体育锻炼、增强美育熏陶、加强劳动教育等方面提出了有针对性的举措,以构建德智体美劳全面发展的教育体系。《意见》的下发无疑为体育、艺术课程群建设提供了强有力的支持,使我们更加坚定了做好金水体艺课程群建设的信念。

或许,这不是一种巧合,而是新时代教育改革浪潮呈现出的一种必然。

体育,拥有无可比拟的美。体育之美,美在亘古不变的精神,美在灵动流畅的线条,美在瞬间爆发的力量,美在百折不挠的品格。艺术给我们插上翅膀,把我们带到很远、很远的地方。从美的事物中找到美,这就是审美教育的任务。教育是与美相遇的过程,将美的教育融入系统的课程中去,给孩子一个爱好,还孩子一个梦想。

体育、艺术课程建设是实现体育、艺术学科育人的根本抓手,它随时代要求而呈现出创新发展的趋势。体艺学科课程群建设为金水区基础教育中体育、艺术课程发展指明了前行的方向。在近两年的实施中,我们组织金水体育与艺术学科骨干教师,深入学习、理解课程群理念,扎实开展课程群建设探索,从无到有、从小到大、从简单到丰富,逐步建设起适合金水学情的,具有学校特色的体育、艺术学科课程群,有效提升了学科课程品质,实现了体育、艺术学科育人的新发展。

回顾这段历程,从最初的欣喜,到学习的困惑;从实施的迷惘、反思的痛苦,直至最终守得云开见月明的喜悦。一路走来,金水体育、艺术教育者在探索中完成蜕变,在蜕变中坚定方向,收获师生共同的成长。

在此,要特别感谢上海市教育科学研究院杨四耕教授两年来专业、耐心、细致的指导;同时,感谢金水区教育体育局搭建的学习平台,感谢所有参与此项目的金水体育、艺术学科教育人饱含心血的辛勤付出,使我们共同完成了体艺学科课程群建设的初探,迈出了提升学科课程品质的坚实一步。

  在本书即将出版之际,我们深刻地认识到:深化课程改革、落实立德树人根本任务重要且紧迫,如何结合体育、艺术学科性质来完善更加适合学情的课程群,如何借助课程群建设更好地实践金水教育的育人理想,还需要我们继续努力下去。

  不懈追求,止于至善。

  金水体育、艺术课程建设,我们一直在路上……

本书编委会
2019 年 7 月 20 日

学校课程深度变革丛书

进入学科深处的六个秘密	978-7-5675-5810-6	28.00	2016年12月
新美课程:演绎生命之诗	978-7-5675-7552-3	48.00	2018年5月
跨界学习:学校课程变革的新取向	978-7-5675-7612-4	34.00	2018年6月
以学习为中心的课程实施	978-7-5675-7817-3	48.00	2018年8月
聚焦学习的课程评估:L-ADDER课程评估工具与应用	978-7-5675-7919-4	40.00	2018年11月
学科核心素养与学科课程群	978-7-5675-8339-9	48.00	2019年1月
大风车课程:童趣与想象	978-7-5675-8674-1	38.00	2019年3月
蒲公英课程：综合实践活动课程的校本创意与深度	978-7-5675-8673-4	52.00	2019年3月
MY课程:叩响儿童心灵	978-7-5675-7974-3	39.00	2018年10月
课程实施的10种模式	978-7-5675-8328-3	45.00	2019年1月
聚焦式课程变革:制度设计与深度推进	978-7-5675-8846-2	36.00	2019年4月
以素养为核心的学科课程图谱	978-7-5675-9041-0	58.00	2019年4月
全经验课程:在地文化与实践演绎	978-7-5675-8957-5	54.00	2019年6月

课堂教学转型丛书

上一堂灵魂渗着香的课	978-7-5675-3675-3	36.00	2015年8月
把课堂打造成梦的样子	978-7-5675-3645-6	26.00	2015年8月
整个世界都是教室	978-7-5675-5007-0	22.00	2016年6月
寻找课堂教学的文化基因	978-7-5675-5005-6	22.00	2016年5月
课堂是一种态度	978-7-5675-3871-9	28.00	2015年10月

书名	ISBN	定价	出版日期
给孩子最美好的东西	978-7-5675-4200-6	30.00	2015年11月
把每一个孩子深深吸引	978-7-5675-4150-4	24.00	2016年1月
每一间教室都有梦	978-7-5675-4029-3	30.00	2015年10月
课堂,可以春暖花开	978-7-5675-3676-0	24.00	2015年10月
课堂,与美相遇的地方	978-7-5675-5836-6	24.00	2017年1月
赴一场思想的盛宴	978-7-5675-5838-0	28.00	2017年1月
突破平面学习:神奇的"南苑学习单"	978-7-5675-5825-0	29.00	2017年1月
让学习看得见:"226"教改实验研究	978-7-5675-6214-1	32.00	2017年4月
每一种意见都很重要:"责任课堂"的维度与操作	978-7-5675-6216-5	30.00	2017年4月

品质课程丛书

书名	ISBN	定价	出版日期
活跃的课程图景	978-7-5675-6941-6	42.00	2017年11月
课程情愫:学校课程发展的另类维度	978-7-5675-7014-6	42.00	2017年11月
突破大杂烩:有逻辑的学校课程变革	978-7-5675-6998-0	52.00	2017年11月
课程群:学习的深度聚焦	978-7-5675-6981-2	45.00	2017年11月
嵌入式课程:特色课程的路径和方略	978-7-5675-6947-8	42.00	2017年11月

课堂教学新样态

书名	ISBN	定价	出版日期
一百个孩子,一百个世界:基于差异的教学变革	978-7-5675-6810-5	32.00	2017年10月
让课堂洋溢生命感:L-O-V-E教学法的精彩演绎	978-7-5675-6977-5	32.00	2017年11月
课堂如诗:"雅美课堂"的姿态	978-7-5675-7219-5	36.00	2018年3月

近处无教育	978-7-5675-7536-3	32.00	2018年3月
课堂,与美最近的距离	978-7-5675-7486-1	32.00	2018年4月
课堂,涵养生命的园圃	978-7-5675-7535-6	36.00	2018年6月
协同教学:意蕴与智慧	978-7-5675-8163-0	42.00	2018年9月
课堂不是一个盒子	978-7-5675-8004-6	38.00	2019年1月
在教室里眺望世界:基于BYOD的教学方式变革	978-7-5675-8247-7	48.00	2019年3月

特色学校聚焦丛书

每一个孩子都是一棵树	978-7-5675-6978-2	28.00	2018年1月
教育不是一个人的事:"众教育"36条	978-7-5675-7649-0	32.00	2018年8月
不一样的生命,一样的精彩	978-7-5675-8675-8	34.00	2019年3月
童味正醇:特色学校的文化图谱	978-7-5675-8944-5	39.00	2019年8月
特色普通高中课程建设探索	978-7-5675-9574-3	34.00	2019年10月